Franz Troyer
Beten verwandelt

FRANZ TROYER

BETEN
VERWANDELT

Kraftvolle Impulse
und Gebete aus der Bibel

Tyrolia-Verlag · Innsbruck–Wien

Nachhaltige Produktion ist uns ein Anliegen; wir möchten die Belastung unserer Mitwelt so gering wie möglich halten. Über unsere Druckereien garantieren wir ein hohes Maß an Umweltverträglichkeit: Wir lassen ausschließlich auf FSC®-Papieren aus verantwortungsvollen Quellen drucken, verwenden Farben auf Pflanzenölbasis und Klebestoffe ohne Lösungsmittel. Wir produzieren in Österreich und im nahen europäischen Ausland, auf Produktionen in Fernost verzichten wir ganz.

Mitglied der Verlagsgruppe „engagement"

2019
© Verlagsanstalt Tyrolia, Innsbruck
Umschlaggestaltung, Layout und digitale Gestaltung: Tyrolia-Verlag
unter Verwendung eines Bildes von akg images/Westfälischer Meister, Pfingsten.
Druck und Bindung: FINIDR, Tschechien
ISBN 978-3-7022-3791-2
E-Mail: buchverlag@tyrolia.at
Internet: www.tyrolia-verlag.at

Inhaltsverzeichnis

Vorwort

Ich kann mir ein Leben ohne Gebet nicht vorstellen. Es ist für mich ein großes Geschenk, dass ich beten darf und dass mir viele Menschen ganz selbstverständlich vorgelebt haben, wie es gelingen kann. Mit Dankbarkeit verwende ich viele Gebete, die uns die Bibel überliefert. Sie erzählen von der Überzeugung des Volkes Israel und der ersten Christen und reichen mir ein Handwerkzeug, heute meinen Glauben zu formulieren und dabei immer wieder zu den Quellen zurückzukehren. Sie bereichern und verwandeln meinen Alltag.

Dieses Buch geht auf viele Gespräche zurück und greift Gedanken und Texte auf, die ich bei Gottesdiensten verwendet habe. Diverse Gebete begleiten mich seit Langem und gehören zu meinem persönlichen Gebetsschatz.

Die einzelnen Teile des Buches haben verschiedene Lebenssituationen im Blick und versuchen, unseren Alltag mit biblischen Gebeten zu verbinden. Sie sind als kleine Anregungen zwischendurch gedacht. Die kurzen Impulse eignen sich auch als Einstimmung für Pilgergruppen und bei verschiedensten Zusammenkünften.

Jeder Abschnitt schließt mit einem Gebet. Beginnen Sie am besten mit jenem Teil, der heute ganz besonders für Sie passt.

Franz Troyer

Zehn Gebetsperlen

Folgende Besonderheiten des christlichen Betens bilden für mich eine Perlenkette:

---

1. Betende Menschen haben nicht weniger Probleme, aber mehr Lösungsmöglichkeiten

Beten schafft keine heile, sorglose Welt, aber hilft, erlöster mit dem vielen Ungelösten umzugehen und manches sogar zu verwandeln.

---

2. Christliches Beten hat als Adresse ein Du

Gute und ehrliche Selbstreflexion ist für ein geglücktes Leben hilfreich. Beten öffnet eine zusätzliche Tür. Ich darf mein Leben mit den gütigen Augen Gottes anschauen und muss mich nicht um mich selbst drehen. Der Pharisäer im Tempel (Lukas 18,11) macht den Fehler, dass er mehr zu sich selber spricht als zu Gott. Kein Wunder, dass er engstirnig und engherzig geworden ist.

---

3. Christliches Beten ist Beten zum dreifaltigen Gott

Beim Beten wende ich mich an den Vater und spreche mit Jesus das Vaterunser. Ich erlebe Jesus als Vorbild, Lehrmeister und Fürsprecher. Auch der Heilige Geist stärkt mein Beten. *Wir wissen nicht, was wir in rechter Weise beten sollen; der Geist selber tritt jedoch für uns ein mit unaussprechlichen Seufzern.* (Römerbrief 8,26)

4. Beten fördert die Beziehung zu Gott

Bei der Eingangstür zur Heiliggeistkirche in Sterzing fand ich folgenden Text: „Jede Kirche ist ein Ort des Gebetes und der Stille, ein Raum, in dem wir im Dialog mit Gott leben dürfen. Wenn du ihn in deinem Leben bereits getroffen hast, dann bete und danke; wenn du ihn aber suchst, rufe zu ihm und mach dich bereit, ihn im Leben wirken zu lassen! Öffne dein Herz und deine Gedanken für die Begegnung mit ihm!"

Beten ist gelebte Freundschaft mit Gott. Es geht nicht um eine Pflicht oder Leistung, sondern um das Pflegen der Liebesbeziehung zu Gott und um das selbstverständliche Miteinbeziehen Gottes in mein Alltagsleben. Wer mit Gott rechnet, wird auch mit ihm reden. Auf die Frage „Warum sollen wir beten? Gott weiß ja sowieso, was wir brauchen!" antworte ich gerne: „Auch wenn die Menschen, die mir am nächsten stehen, wissen, was mir wichtig ist, so suche ich doch den Kontakt zu ihnen und erzähle ihnen von den täglichen Ereignissen."

5. Beten mit Leib und Seele

Beten geschieht nicht nur mit dem Mund oder Herzen, sondern umfasst den ganzen Körper. Bewusstes Atmen hilft, den Körper zu spüren und ruhig zu werden. Das

Falten der Hände drückt meine innere Haltung aus und fördert die Konzentration. Es ist wichtig, beim Beten die Gefühle und Gedanken, die auftauchen, aufmerksam anzunehmen. Im Alltag haben diese oft keine Chance, sich zu melden.

6. Wenn ich für jemanden bete, dann begegne ich ihm anders

Diese Erkenntnis hat mein Leben schon oft erleichtert. Sie motiviert mich, besonders für jene zu beten, die mir Unrecht getan haben und mit denen ich mich schwertue. Nach einem Gebet für diese Menschen bin ich im Umgang mit ihnen freier und gelassener, wohl auch ehrlicher.

7. Beten und Arbeiten

Ignatius von Loyola sagt: „Bete so, als ob alles von Gott abhängt, und handle so, als ob alles von deinem Tun abhängt." Man darf Beten und Arbeiten nicht gegeneinander ausspielen. Sie sind wie die beiden Ruder eines Bootes. Mit einem Ruder drehe ich mich im Kreis.

8. Die Bibel unterstützt mein Beten

Die verschiedensten Erfahrungen von Menschen der Bibel helfen mir, mein Leben zu deuten und im Gebet zur Sprache zu bringen. Der Blick in die Zeitung sagt mir, *wofür* ich beten soll. Die Bibel zeigt mir, *wie* ich beten soll.

9. Erfüllt Gott all unsere Bitten?

Wäre es überhaupt gut, wenn Gott all unsere Wünsche erfüllte? Die Gebetshaltung „Herrgott, tue endlich, so wie ich es will!" macht aus Gott einen Automaten. „Gott erfüllt nicht unsere Bitten, aber seine Verheißungen" (Dietrich Bonhoeffer). Gott bitten – ja. Mit ihm feilschen – ja. Aber ihn zwingen wollen – nein.

10. Formulierte Gebete und frei beten

Ab und zu erzählen mir Menschen, dass sie mit Gott so reden, wie sie mit vertrauten Menschen reden. Sie berichten ihm, was sie erlebt haben, was ihnen wichtig ist und was ihnen Sorgen macht.

Manche Menschen sind froh, dass sie gewisse Gebete schon seit der Kindheit kennen. Gerade in schwierigen Zeiten bewähren sie sich. Dann sind sie wie ein Stiegengeländer, das beim Gehen Halt gibt und verhindert, dass ich falle.

1. Beten mit Jesus

Hat Jesus gebetet? In welchen Situationen suchte er das Gebet? Welche Orte waren ihm dabei am liebsten und hilfreich? Betete er lieber allein oder gemeinsam in der Gebetsgemeinschaft der jüdischen Synagoge? Diese Fragen interessieren mich, sie haben Auswirkungen auf meine eigene Gebetspraxis.

Die vier Evangelien sind kein Bericht, der all diese Fragen beantwortet und protokollartig im Stundentakt das Leben Jesu festhält. Vielmehr greifen sie beispielhaft einige Ereignisse aus dem Wirken Jesu heraus und stellen diese in den großen Heilszusammenhang der Weltgeschichte. Gerade deswegen fällt es umso mehr auf, dass die Evangelien wiederholt schildern, wie Jesus in ganz verschiedenen Situationen den Gebetskontakt zu seinem Vater sucht. Er geht regelmäßig in die Synagoge (Lukas 4,16) und zieht sich am Abend oder Morgen zurück, um Kraft für die vielen Begegnungen zu schöpfen. Er dankt seinem Vater nach der erfolgreichen Tätigkeit seiner Jünger. Er betet vor großen Entscheidungen wie der Auswahl der zwölf Apostel und findet betend in den bedrohlichen Stunden vor seiner Gefangennahme im Garten Getsemani Halt und Trost. Auch einzigartige Höhepunkte wie Taufe und Verklärung sind ohne sein Gebet nicht vorstellbar.

Jesus ist der beste Lehrmeister für unser Beten.
Warum beten? Weil Jesus gebetet hat!
Wie beten? Wie es uns Jesus vorgelebt hat!

Abba, Vater

Er sprach: Abba, Vater, alles ist dir möglich.

Markus 14,36 ⸻

Wer in der Bibel alle Gebete Jesu miteinander vergleicht, bemerkt sofort, dass Jesus seinen himmlischen Vater immer mit dem Wort Abba anredet. Jesus verwendet diese Anrede bei seinem ersten Wort als Zwölfjähriger im Tempel (Lukas 2,49) und bei seinem letzten Wort am Kreuz. Abba drückt sein Vertrauen und seine innige Nähe zum Vater aus und bedeutet viel mehr als die Tatsache, dass Gott sein himmlischer Vater ist. Die Abba-Anrede erzählt von der Freude, diesen Vater zu sehen und gerne in dessen Nähe zu sein.

Bei aller Einzigartigkeit lebt Jesus aber keine Exklusivbeziehung zu seinem Vater und kein egoistisches Glück zu zweit. Er nimmt uns Menschen in seine Vaterbeziehung hinein. Mit Jesus dürfen wir erfahren, dass Gott auch uns als seine geliebten Kinder betrachtet. *Du bist mein geliebter Sohn und meine geliebte Tochter, an denen ich Wohlgefallen gefunden habe* (vgl. Lukas 3,22). Dieser Gott ist kein blindes Schicksal, kein weltfremder Herrscher und keine launische Figur, sondern ein Vater, der seine Kinder kennt und große Sehnsucht nach ihnen hat. Er ist nicht nur ein sorgender und besorgter Vater, sondern als *Herr des Himmels und der Erde* (Lukas 10,21) auch ein Vater mit Macht. Diese Macht Gottes zeigt sich nicht in Strenge und Gewalt, sondern besonders in seiner großen Barmherzigkeit: *Seid barmherzig, wie auch euer Vater barmherzig ist!* (Lukas 6,36)

Die Bibel als Gebetshilfe

Die Bibel zeigt viele Chancen und Möglichkeiten auf, wie wir beten können. Sie ermutigt uns, Gott als Abba anzureden und eine Vater-Kind-Beziehung zu ihm zu pflegen. Sie beschreibt das vorbildliche Beten Jesu, um uns die Kunst des Betens in allen Lebenssituationen aufzuzeigen. Als zusätzliche Hilfe lenkt die Bibel den Blick auf den Heiligen Geist. Dieser spricht mit uns und in uns das „Abba, Vater": *Denn ihr habt nicht einen Geist der Knechtschaft empfangen, sodass ihr immer noch Furcht haben müsstet, sondern ihr habt den Geist der Sohnschaft empfangen, in dem wir rufen: Abba, Vater. Der Geist selber bezeugt unserem Geist, dass wir Kinder Gottes sind.* (Römerbrief 8,15–16)

Jesus, du hast oft und gerne gebetet.
Du sprichst deinen Vater ganz selbstverständlich
mit Abba an.
Du ermutigst uns, ganz natürlich mit unserem
Vater im Himmel zu reden.

Lehre uns dieses Vertrauen in Gott.

Vater unser im Himmel

So sollt ihr beten: Unser Vater im Himmel,
geheiligt werde dein Name, dein Reich komme,
dein Wille geschehe wie im Himmel, so auf der Erde.
Gib uns heute das Brot, das wir brauchen!
Und erlass uns unsere Schulden, wie auch wir
sie unseren Schuldnern erlassen haben.
Und führe uns nicht in Versuchung,
sondern rette uns vor dem Bösen!

Matthäus 6,9–13 ——

Bei Besuchen im Krankenhaus Lienz erzählte mir ein Mann, dass er nicht mehr beten könne und sogar beim Vaterunser durcheinanderkomme. Deshalb spreche er frei mit Gott, so wie er jetzt mit mir rede. Er fragte mich, ob das richtig sei oder doch mangelhaft und fehlerhaft. Ich ermutigte den Mann, weiterhin in seiner Art mit Gott zu reden. Im nächsten Krankenzimmer jammerte eine Frau, dass sie sich beim Beten nicht mehr konzentrieren könne. Also spreche sie einfach die vertrauten Worte des Vaterunsers, auch im Wissen, dass sie dabei mit den Gedanken oft abschweife. Aber sie denke sich, der Herrgott kenne ja den Inhalt und ergänze die fehlenden Worte. Ich bestätigte dieser Frau, dass ihr Gebet auch deswegen sinnvoll sei, weil sie das tägliche Gebet von Millionen von Menschen teile und somit das Gebetsnetz rings um die ganze Welt unterstütze.

Das Vaterunser ist uns im Matthäus- und Lukasevangelium überliefert. Bei Matthäus befindet es sich genau in der Mitte der Bergpredigt. Diese programmatische Ansprache Jesu ist zwiebelförmig in mehreren Kreisen aufgebaut, dessen Zentrum das Vaterunser bildet. Somit ist klar: Wer aus der Gesinnung des Vaterunsers heraus lebt, bekommt in seinem Handeln die Freiheit und den Mut der Bergpredigt. Im Geist des Vaterunsers kann jene neue Lebensordnung gelingen, die Jesus der Welt gebracht hat.

Gemäß dem Lukasevangelium erleben die Jünger Jesu, dass und wie ihr Meister betet. Sie sind beeindruckt und bitten ihn, auch ihnen diese Tiefe und Kunst des Betens zu lehren. Jesus schenkt ihnen das Vaterunser, motiviert sie im anschließenden Gleichnis vom mitternachts bittenden Freund zur Beharrlichkeit im Gebet und unterstreicht, wie wichtig das Vertrauen beim Beten ist (Lukas 11,1–11).

Gemeinsames Beten ohne Vaterunser ist wie Essen ohne Salz

Ich kann mir kein gemeinsames Beten ohne Vaterunser vorstellen. Es wäre wie ein Essen ohne Salz. Das Vaterunser lässt uns den Herzschlag Jesu spüren. Dieses Gebet erinnert mich an den Regenbogen, der den Himmel und die Erde verbindet. Die einzelnen Bitten bilden die verschiedenen Farben des Regenbogens, die sich gegenseitig ergänzen und gemeinsam seine faszinierende Buntheit ausmachen. Das Vaterunser ist wie eine Brücke zu Gott, auf der uns Jesus vorangeht und uns an der Hand führt. Wir dürfen gemeinsam mit Jesus beten, er steht neben uns und legt seine Hand auf unsere Schulter.

„Wir" statt „Ich"

Ist Ihnen schon einmal aufgefallen, dass das Vaterunser mit dem Wort „Unser" startet und nicht mit dem allzu häufigen Wort „Mein" oder „Ich". Im gesamten Vaterunser kommt kein „Ich" vor, sondern immer ein „Wir". Deshalb führt uns das Vaterunser vom Egozentrismus zur Wir-Gemeinschaft. Es hat die ganze Welt im Blick und befreit uns vom narzisstischen Kreisen um uns selbst. Im Geiste

Jesu kann niemand egoistisch beten: „Vater mein!" oder „Gib mir und nur mir mein tägliches Brot!"

vater im himmel
du bist oben
du füllst die weite
du schenkst das helle licht

ein vater der wie der himmel ist
da kann es einem nur gut gehen
bei dir sind wir unter dach

dein name ist wie ein himmel
er ist weit und gibt luft und klarheit
schenkt kraft und beziehung

dein reich ist wie ein himmel
der weite raum deines umgangs
mit uns deinen kindern

dein wille ist wie ein himmel
der über uns wacht und sonne gibt
und luft unterwegs

du bist wie der himmel
gnädig über uns gespannt
was wollen wir noch mehr
Quelle unbekannt ——

Impuls

Ich bete heute jede einzelne Bitte des Vaterunsers
ganz langsam und mache bei jeder Bitte eine Pause.
Ich bete jede Bitte im Blick auf einen speziellen
Menschen.

Vater unser im Himmel,
geheiligt werde dein Name.
Dein Reich komme.
Dein Wille geschehe, wie im Himmel so auf Erden.
Unser tägliches Brot gib uns heute.
Und vergib uns unsere Schuld,
wie auch wir vergeben unsern Schuldigern.
Und führe uns nicht in Versuchung,
sondern erlöse uns von dem Bösen.

Führe uns nicht in Versuchung

Steht auf und betet,
damit ihr nicht in Versuchung geratet!

Lukas 22,46 ———

In der katholischen Kirche werden am ersten Fastensonn-
tag als Evangelium die Bibelworte von den Versuchungen
Jesu vorgelesen. Damit wird am Beginn der Fastenzeit
aufgezeigt, dass sich auch Jesus den radikalen Fragen des
Lebens stellen musste und selbst ihm die Grundentschei-
dungen des Lebens nicht erspart blieben.

Versuchungen Jesu

Die Versuchungen Jesu beschreiben in wenigen Zeilen
die Urversuchungen der Menschheit und jene Fragen, die
unsere Gesellschaft gerne verdrängt oder sogar tabuisiert.
Mit dem Satz „Befiehl den Steinen, zu Brot zu werden!"
sind der Wahn des unbegrenzten und schnellen Konsums
gemeint oder der Druck, das Wirtschaftswachstum ins
Unendliche zu steigern und jedes Hindernis aus dem Weg
zu räumen. Bei der Verlockung, sich vor dem Satan nieder-
zuwerfen, geht es um den Kniefall vor zweitrangigen Din-
gen, um die Götzen Geld und die Neigung, jedes Mittel für
mein Ziel und meine Macht einzusetzen. Der Sprung von
der Zinne des Tempels warnt vor der Sucht, mit allen Mit-
teln beliebt sein zu wollen und sogar Gutes letztendlich nur
für den eigenen Ruhm und die Zeitung zu tun.

Jesus hat in seinem irdischen Leben klare Entscheidungen
getroffen und ermutigt uns durch sein vorbildliches Handeln,
nicht oberflächlich oder naiv in dieser Welt zu leben.

Der Bibeltext von den Versuchungen Jesu zeigt ganz
klar, wer uns versucht und mit welchen Tricks der wahre

Versucher arbeitet. Nicht nur der Inhalt der Versuchungen wiederholt sich in der heutigen Welt, sondern auch die Methode, dass der Satan mit der Bibel argumentiert und damit sogar verkehrtem Handeln ein frommes Mäntelchen umhängt. Er rechtfertigt zweifelhafte Methoden dadurch, dass das Ziel gut sei. Wir ahnen die List, mit der wir uns manchmal selbst anlügen und vieles so biegen, bis es uns passt. Jesus hat all diese Gefahren am eigenen Leib gespürt und entlarvt. Das macht ihn glaubwürdig und zum Vorbild. Jesus kennt die Gefährdungen des Menschen und die notwendigen Hilfen in solchen Situationen. *Steht auf und betet, damit ihr nicht in Versuchung geratet!* (Lukas 22,46) Diese Bitte gilt nicht nur in schwierigen Stunden.

Gott versucht uns nicht

Im französischen Sprachkreis lautet die sechste Vaterunser-Bitte: „Lass uns nicht eintreten in die Versuchung" (*ne nous laisse pas entrer en tentation*). Es gibt Vorschläge, für die deutsche Sprache eine ähnliche Formulierung zu wagen, um endlich das Missverständnis auszuräumen, Gott spiele mit uns Menschen oder er warte schadenfroh, bis etwas danebengeht. Auch Papst Franziskus hat schon öfters betont, es sei nicht Gott, der den Menschen in Versuchung stürze, um dann zuzusehen, wie er falle. „Ein Vater tut so etwas nicht: Ein Vater hilft, sofort wieder aufzustehen." Als Vorschläge für deutsche Neuübersetzungen werden immer wieder genannt: „Lass uns in der Versuchung nicht fallen!" „Führe uns in der Versuchung!" „Lass uns nicht in Versuchung geraten!"

Um die Diskussion gewinnbringend zu führen, ist auf jeden Fall ein genauer Blick in die Bibel sinnvoll. Der griechische Originaltext der Bitte (die aramäische Formulierung Jesu kennen wir nicht!) ist uns im Matthäus- und Lukasevangelium gleichlautend überliefert und lässt sich wörtlich übersetzen mit: „Und bringe / trage uns nicht hinein in die Versuchung / Erprobung!"

Beginnend mit Adam und Eva schildert die Bibel an mehreren Stellen Situationen der Versuchung, unterstreicht dabei aber mehrmals, dass uns Gott selbst nicht in Versuchung führt. *Keiner, der in Versuchung gerät, soll sagen: Ich werde von Gott in Versuchung geführt. Denn Gott lässt sich nicht zum Bösen versuchen, er führt aber auch selbst niemanden in Versuchung. Vielmehr wird jeder von seiner eigenen Begierde in Versuchung geführt, die ihn lockt und fängt.* (Jakobusbrief 1,13–14)

Vertrauen statt Misstrauen

Eine weitere Beobachtung soll helfen, den Sinn des Vaterunsers besser zu verstehen:

Das Vaterunser bittet nicht um Schutz vor vielen Versuchungen (gemeint sind damit die vielen Gefährdungen des Lebens), sondern vor der Versuchung schlechthin. Diese meint die Gefahr, an Gott und am Leben zu verzweifeln und Gott gegenüber misstrauisch zu denken: „Meint Gott es wirklich gut mit mir?" „Ist Gott wirklich der letzte Halt meines Lebens oder kann ich auch Gott nicht trauen?" „Muss ich selber den Sinn meines Lebens liefern, muss ich mein eigener Gott sein?" „Hat das ganze Leben überhaupt einen Sinn?" Wir alle kennen diese Zweifel, die manchmal auch in die tiefe Verzweiflung führen können. Die Bitte bedeutet, Gott möge uns vor solchen Situationen verschonen.

Jesus widersteht der Versuchung durch Vertrauen. Er traut der Zusage Gottes und lädt uns ein, dass auch wir uns vertrauensvoll in die Hände Gottes fallen lassen. Jesus stellt uns durch seine Botschaft in eine Entscheidungssituation: Traue ich der Botschaft, dass ich von Gott vorbehaltlos angenommen und geliebt bin, dass mich keine Macht der

Welt aus der Gemeinschaft mit Gott herausreißen kann
oder traue ich ihr nicht?

Vater unser!
Ich kenne die täglichen kleinen Versuchungen:
den Hang zur Bequemlichkeit,
die Neigung zum raschen Genuss,
die Verlockung der günstigen Gelegenheit,
den Reiz der Oberflächlichkeit und Gedankenlosigkeit.

Vater unser!
Ich kenne auch die große Versuchung,
wie Gott sein zu wollen
oder am Leben zu verzweifeln.
Bewahre mich vor diesem Wahn
und vor der Verzweiflung,
in der ich mir selbst zur Qual werde.

Vater unser!
Lass mich nicht fallen,
wenn alles danebengeht
und alle anderen mich fallen lassen.
Hilf mir aufzustehen und nicht am Boden liegen zu bleiben.

Impuls

Welche drei Dinge in Ihrem Leben haben mit den
Versuchungen Jesu zu tun.
Wie können Sie diese meiden?

Ich preise dich, Vater, Herr des Himmels und der Erde

In dieser Stunde rief Jesus, vom Heiligen Geist erfüllt, voll Freude aus: Ich preise dich, Vater, Herr des Himmels und der Erde, weil du das vor den Weisen und Klugen verborgen und es den Unmündigen offenbart hast. Ja, Vater, so hat es dir gefallen. Alles ist mir von meinem Vater übergeben worden; niemand erkennt, wer der Sohn ist, nur der Vater, und niemand erkennt, wer der Vater ist, nur der Sohn und der, dem es der Sohn offenbaren will.
Lukas 10,21–22 ────

„Jetzt habe ich mir vorgenommen, jeden Tag drei Sachen zum Loben zu finden. Dies ist eine geistlich-politische Übung von hohem Gebrauchswert. Sie verbindet mich mit den Müttern und Vätern des Glaubens. Sie lehren mich sehen und auszumachen, was alles sehr gut ist", schreibt Dorothee Sölle in ihrem Gedicht „Warum ich Gott so selten lobe".

Die Anregung, täglich drei Dinge zum Loben zu finden, kann mein Leben verändern. Ich schaue in der Früh mit aufmerksamen und liebevollen Augen auf den neuen Tag und lebe nicht nach dem Motto: „Warum muss ich heute arbeiten? Am liebsten würde ich einfach nur faulenzen." „Warum muss ich heute jenen und jene treffen? Die verderben mir sowieso den ganzen Tag." Eine positive Einstellung verändert meine Grundhaltungen und mein Innerstes.

Die Anregung, täglich drei Dinge zum Loben zu finden, kann das Miteinander in der Familie, im engsten Freundeskreis und in der Nachbarschaft verwandeln. Plötzlich lobe ich meine Ehefrau und meine Kinder und nörgle nicht ständig herum. Ich schenke jemandem ein Lächeln und ein

gutes Wort und mache jemandem Komplimente für die
gute Arbeit oder das tolle Kleid. Ich höre auf, besserwisserisch alles schlecht zu machen und überall ein Haar in der
Suppe zu suchen.

Die Anregung, täglich drei Dinge zum Loben zu finden, kann auch meinem Beten neue Impulse schenken. Ich
wandle mich vom ständigen „Gottes-Anbettler" zum „Got-
tes-Anbeter". Ich reduziere Gott nicht auf einen Wunsch-
Automaten, bei dem ich auf den Knopf drücke, um sofort
alles erfüllt zu bekommen.

Jesus wendet sich nach der Rückkehr der zweiundsieb-
zig ausgesandten Jünger mit einem Lobpreis an den Vater.
Er greift die Freude der Jünger auf und lässt diese Freude
in göttliche Sphären aufsteigen. Seine Worte zu den Weisen und Klugen sind dabei nicht als Kritik an Bildung und
Weisheit gedacht, wohl aber an der Selbstgerechtigkeit vieler Menschen und deren Haltung, alles selber machen zu
wollen und dementsprechend auch niemandem zu danken, weder einem Menschen noch Gott. Für selbstgerechte
Menschen ist jeder Erfolg ihr Verdienst und ihre Leistung.

Einzigartigkeit Jesu

*Alles ist mir von meinem Vater übergeben worden; nie-
mand erkennt, wer der Sohn ist, nur der Vater, und niemand
erkennt, wer der Vater ist, nur der Sohn und der, dem es der
Sohn offenbaren will.* Jesu Lobpreis unterstreicht sein neues Gottesverständnis und damit auch seine Einzigartigkeit:
*Niemand hat Gott je gesehen. Der Einzige, der Gott ist und
am Herzen des Vaters ruht, er hat Kunde gebracht* (Johannes 1,18); diese frohe Botschaft hören wir alljährlich zu
Weihnachten. Kurz vor seinem Tod wird Jesus nochmals
über seine einzigartige Beziehung zum Vater sprechen: *Wer
mich gesehen hat, hat den Vater gesehen.* (Johannes 14,9)

Das lässt uns staunen, aber mehr noch! Es hat auch Folgen für unser christliches Beten. Jesus nimmt uns hinein in seine Gebetsgemeinschaft mit Gott, wir beten Schulter an Schulter mit Jesus. Wer will sich da nicht zusätzlich begeistern lassen, täglich drei Dinge zum Loben zu finden!

> *Preise den* HERRN, *meine Seele,*
> *und alles in mir seinen heiligen Namen!*
> *Preise den* HERRN, *meine Seele, und vergiss nicht,*
> *was er dir Gutes getan hat!*
> *Der dir all deine Schuld vergibt*
> *und all deine Gebrechen heilt,*
> *der dein Leben vor dem Untergang rettet*
> *und dich mit Huld und Erbarmen krönt,*
> *der dich dein Leben lang mit seinen Gaben sättigt;*
> *wie dem Adler wird dir die Jugend erneuert.*
> *Der* HERR *vollbringt Taten des Heils, Recht*
> *verschafft er allen Bedrängten.*
> Psalm 103,1–6 ──────

Gott, ich bitte dich für ...

Simon, Simon, der Satan hat verlangt,
dass er euch wie Weizen sieben darf.
Ich aber habe für dich gebetet,
dass dein Glaube nicht erlischt.
Und wenn du wieder umgekehrt bist,
dann stärke deine Brüder!

Lukas 22,31–32 ──────

Amiram, mein Freund aus Israel, hat mir vor Jahren tief betroffen von der Krankheit seiner Enkelin erzählt. Am Ende des Gesprächs habe ich mich mit den Worten „Ich denke an euch" verabschiedet. Er hat mich daraufhin tief angeschaut und gemeint: „Du kannst auch für uns beten!" Gerne habe ich diesen Wunsch erfüllt und mich sogar etwas geschämt, dass ich nicht sofort vom Gebet gesprochen habe. Seither verspreche ich öfters Leuten, dass ich für sie bete.

Wenn ich für einen Menschen bete, dann begegne ich ihm anders. Ich fixiere mich nicht auf seine oder ihre Fehler, sondern lege die schwierige Situation in die Hände Gottes. Ich vertraue, dass Gott die Zusammenhänge besser sieht und von der anstehenden Operation, der gefährlichen Reise und der großen Prüfung weiß. Wer für andere betet, vertraut, dass er und sie nicht alles selber machen muss. Ein betender Mensch nimmt gerne Hilfe an. Das erleichtert unser Leben unendlich. Beten weitet meinen Horizont. Ich drehe mich nicht mehr um mich selbst und sehe nicht alles allein aus meiner begrenzten Perspektive.

Fürbitten bei der heiligen Messe

Ich erlebe das Fürbittgebet als einen wichtigen Teil bei der heiligen Messe. Die Fürbitten lenken den Blick in die ganze Welt hinaus und besonders zu den Armen und Benachteiligten hin. Sie machen die Gottesdienstgemeinschaft zu einem Kraftort für eine bessere Welt und verhindern, dass diese ein egoistisches Wellnessbad oder ein Selbstverwirklichungsclub wird. Auch deswegen empfehle ich oft bei Gesprächen, für andere und besonders für Menschen zu beten, mit denen ich mich momentan schwertue. Das ist wie eine Psychohygiene und bereits auf der menschlichen Ebene heilsam und befreiend.

Die Erfahrung, dass viele Gebete nicht in unserem Sinn in Erfüllung gehen, verunsichert viele Menschen. Hat das Gebet überhaupt einen Sinn? Erfüllt Gott unsere Bitten? Humorvoll zeigt sich dieses Dilemma in folgender Begebenheit: Ein Pfarrer hat für die Feier der heiligen Messe das vorbereitete Blatt mit den Fürbitten vergessen. Er schickt einen Ministranten zum Mesner mit der Bitte, dieses Blatt zu holen. Der Mesner findet es nicht, sondern nur die Vorlage der letzten Woche. Daraufhin meint der Pfarrer: „Das macht nichts, die Bitten der letzten Woche sind noch nicht erfüllt."

Da hilft nur noch beten!

Ich jedenfalls finde es als Kompliment, wenn Menschen zu mir sagen: „Bitte bete für mich!" „Bitte bete für …" Ich bin dankbar für dieses Vertrauen, dass ich beten darf und dass mir Gott und viele Menschen dabei helfen. Hier geht es mir ähnlich wie dem Apostel Paulus, der an die Gemeinde in Philippi schreibt: *Ich danke meinem Gott jedes Mal, sooft ich eurer gedenke; immer, wenn ich für euch alle bete, bete ich mit Freude. Ich danke für eure Gemeinschaft im Dienst am Evangelium vom ersten Tag an bis jetzt.* (Philipperbrief 1,3–5)

Jesus und der Heilige Geist als Fürsprecher

Jesus gibt uns nicht nur Tipps zum Beten, sondern pflegt auch selbst ein treues Gebetsleben. In seinen Worten beim letzten Abendmahl an Simon Petrus unterstreicht er, dass er dessen Situation bis in alle Hintergründe hinein genau kennt und für ihn gebetet hat. In Johannes 17 wird sogar ausführlich geschildert, wie Jesus am Ende des letzten Abendmahles sein Lebenswerk in einem großen Fürbittgebet zusammenfasst. Seine Jünger und alle Menschen mögen vor dem Bösen verschont bleiben, sie mögen in Gottes Namen bewahrt bleiben und untereinander eins sein.

Es tut so gut, Fürsprecher zu haben, die sich für uns einsetzen. Diese sind wie zusätzliche Arme, die uns umarmen, stützen und führen. Der Apostel Paulus reflektiert auf theologisch höchstem Niveau, dass sowohl Jesus als auch der Geist Gottes für uns die besten Fürsprecher sind. Vom Geist Gottes heißt es: *So nimmt sich auch der Geist unserer Schwachheit an. Denn wir wissen nicht, was wir in rechter Weise beten sollen; der Geist selber tritt jedoch für uns ein mit unaussprechlichen Seufzern.* (Römerbrief 8,26) In bewusst parallel formulierten Worten wird einige Zeilen später über Jesus Ähnliches ausgesagt: *Christus Jesus, der gestorben ist, mehr noch: Der auferweckt worden ist, er sitzt zur Rechten Gottes und tritt für uns ein.* (Römerbrief 8,34; vgl. auch Hebräerbrief 7,25) Wie beruhigend: Wir haben in Jesus und im Heiligen Geist große Fürbitter und Unterstützer, die für uns eintreten, sich für unser Heil einsetzen und uns unter die Arme greifen.

Ich bete heute
mit Abraham für Sodom und Gomorra
mit Mose für sein Volk
mit Aaron um Heil und Segen

mit Samuel um Befreiung
mit Salomo um ein hörendes Herz
mit Jeremia für die fremde Stadt
mit Jesaja für den Rest des Volkes
mit Amos um Vergebung
mit Ijob für alle Verzweifelten
mit Esra um Buße
mit Jesus für Petrus
mit Judas für alle Gescheiterten
mit Paulus für alle Menschen
mit der Mutter für ihr Kind
mit dem alten Mann für die sterbende Ehefrau
mit dem Arzt für die Kranken
mit der Politikerin um soziale Gerechtigkeit
mit ...

Vater, vergib ihnen

Zusammen mit Jesus wurden auch zwei Verbrecher zur Hinrichtung geführt. Sie kamen an den Ort, der Schädelhöhe heißt; dort kreuzigten sie ihn und die Verbrecher, den einen rechts von ihm, den andern links. Jesus aber betete: Vater, vergib ihnen, denn sie wissen nicht, was sie tun!
Lukas 23,32–34 ——

Vater, vergib ihnen! Mitten in die greifbare Gewalt spricht Jesus diese Worte und unterbricht damit die tägliche Spirale des Bösen, die wie eine Lawine über die Menschheit rollt und viel Leid und Blut auf unserer Welt erzeugt. Jesus weiß, was jetzt passiert. Er handelt in dieser Stunde am Kreuz nicht naiv oder blind, sondern erlebt die Abgründe der menschlichen Seele hautnah. Gerade deswegen betet er zu seinem Vater.

Jesu Worte sind weder Zufall noch verzweifeltes Aufbäumen eines Sterbenden. Sie sind höchster Ausdruck seiner bisherigen Lebenshaltung und seiner frohen Botschaft. Er hat mehrfach davon gesprochen, dass wir Menschen einander vergeben sollen. Er hat die Bereitschaft zur Versöhnung vorbildlich vorgelebt. Er hat die Ehebrecherin geschützt und alle moralischen Besserwisser in ihrer Selbstjustiz gemahnt. *Wer von euch ohne Sünde ist, werfe als Erster einen Stein auf sie.* (Johannes 8,7) Jesus hat dem Gelähmten die Vergebung seiner Sünden zugesagt, weil er tausendfach erlebt hat, dass Schuld uns Menschen niederdrückt und lähmt (Markus 2,1–12).

Ver-Geben statt Nachtragen

Bei einem Gottesdienst zum Thema Vergebungsbereitschaft zeigten zwei Jugendliche, wie sinnlos das Nachtragen von Fehlern ist: Einer ging im Kirchenraum kreuz und quer herum. Der andere bekam einen schweren Stein in die Hände und hatte den Auftrag, den Stein dem anderen nachzutragen. So ging der eine voraus, manchmal schneller, manchmal langsam. Der andere musste ihm mit seiner schweren Last folgen. Bald war allen Anwesenden klar: Wenn ich jemandem etwas nachtrage, dann fessle ich mich an diesen Menschen und mache mich umso mehr von seinen Launen abhängig. Wenn ich ein nachtragender Mensch bin, dann bin ich nicht frei und denke womöglich beim Aufstehen und Schlafengehen schon an meinen „Gegner".

Vergeben hat viel mit Geben zu tun. Ich gebe etwas her. Das ist nicht leicht und fällt wohl allen Menschen schwer. Die eigenen Verletzungen und womöglich die Rachegefühle abzugeben, ist noch schwieriger. Aber es zahlt sich aus, auch zum Selbstschutz und zur Verbesserung der eigenen Lebensqualität. Die Mönchsväter im alten Ägypten wussten wohl aus eigener Erfahrung, dass ich bereits mit bösen Gedanken zündeln kann: „Wer in seiner Seele die Erinnerung an Böses festhält, gleicht einem Feuer, das man unter Stroh verbirgt."

So dürfen wir auch zum eigenen Vorteil mit Jesus beten: *Vater, vergib ihnen!* Der heilige Stephanus hat bei seiner Steinigung diese Worte Jesu aufgegriffen und konnte dann versöhnt sterben. Auch wir dürfen und sollen bitten, dass uns Gott die Fähigkeit zum Vergeben schenkt, um versöhnter zu leben und versöhnt zu sterben.

Gott und Vater aller Menschen.
Du kennst die Abgründe unserer Seele.
Du weißt, wie sich Menschen das Leben schwer machen.
Du weißt, wie Menschen krank werden in ihrem Hass.

Du weißt, welche Lasten manche Menschen
tragen müssen.
Wann haben sie die Liebe verloren?

Jesus hat am Kreuz die Spirale der Gewalt unterbrochen.
Auch ich möchte zur Versöhnung bereit sein
und für andere ein gutes Wort einlegen.
Vergib, damit Menschen die Liebe wiedergewinnen.

Dein Wille geschehe

Sie kamen zu einem Grundstück, das Getsemani heißt,
und er sagte zu seinen Jüngern: Setzt euch hier, während ich
bete! Und er nahm Petrus, Jakobus und Johannes mit sich.
Da ergriff ihn Furcht und Angst, und er sagte zu ihnen:
Meine Seele ist zu Tode betrübt. Bleibt hier und wacht!
Und er ging ein Stück weiter, warf sich auf die Erde nieder
und betete, dass die Stunde, wenn möglich, an ihm vorüberge-
he. Er sprach: Abba, Vater, alles ist dir möglich. Nimm diesen
Kelch von mir! Aber nicht, was ich will, sondern was du willst.

Markus 14,32–36 ——

Jesus hat den Willen seines Vaters erfüllt. Trotzdem und gerade deswegen ist sein Gebetsschrei im Garten Getsemani verständlich. Er ringt mit seinem Schicksal. Kann es wirklich der Wille seines Vaters sein, den bitteren Kelch zu trinken? Es wäre unnatürlich und sogar Leben verachtend, wenn sich Jesus nach Leid und Schmerz sehnen oder diese sogar bewusst suchen würde. So schreit Jesus zum Vater und wird in dieser Ölbergstunde einer von vielen Menschen, die in ihrem Leid, ihrer Verzweiflung und ihrer Krankheit noch schreien können. Andere haben bereits die Stimme und jede Hoffnung verloren.

Jesu Bitte ringt mit der Tatsache, dass wir vieles im Leben nicht verstehen können und auch Gottes Handeln allzu oft nicht fassbar oder erklärbar ist. Warum muss ein kleines Kind sterben? Warum erkrankt die junge Mutter an Krebs? Warum werden die vielen Kriege nicht beendet? Warum sind ganze Länder ein Spielball von politischen Machtinteressen? Warum diese Naturkatastrophen? Warum, warum? Gott erspare uns so viel Leid, nimm diesen Kelch von uns Menschen!

Warum gibt es so viel Leid?

Bittet und es wird euch gegeben; sucht und ihr werdet finden; klopft an und es wird euch geöffnet. (Lukas 11,9) Die Situation im Garten Getsemani und die Stunden des Karfreitags lassen uns zweifeln, ob Gott unsere Gebete hört, geschweige denn erhört. Die vielen Zusagen Jesu scheinen in solchen Stunden ein frommer Wunsch oder eine billige Vertröstung zu bleiben.

Warum hat Gott seinem Sohn das Leid nicht erspart? Warum verhindert Gott nicht das Leid so vieler Menschen? Der Holländische Katechismus wagt folgende Antwort: „Jesus bat um Erlösung vom Leid des Karfreitags, aber er bekam den Ostermorgen." Der Ostermorgen kann und will den Karfreitag nicht verleugnen, aber er verdeutlicht, dass nicht alles Leid der Welt sinnlos ist. Der Ostermorgen zeigt, dass Gottes Handeln immer weiter reicht als all das, was wir erbeten, erhoffen und erträumen können. „Gott erfüllt nicht all unsere Bitten, wohl aber seine Verheißungen." Diese Aussage von Dietrich Bonhoeffer steht auf einer großen Wand in einem Seniorenheim in Innsbruck.

Ich bin verwirrt …
… wenn ich wach in die Welt schaue
und die Zeichen sehe,
die nicht dein Wille sein können –
nicht dein Wille sein dürfen.
Ich sehe die Ungerechtigkeit,
den Schmerz und das Leid.
Schrecken, Angst und Unsicherheit
lassen mich erstarren.
Was erwartest du von mir?
Wie kann ich vor dir bestehen?

Ich bin verwirrt ...
... wenn ich wach in mein Leben schaue und sehe,
was mir nicht gefällt.
Ich merke, dass die Sorgen des Alltags mich erdrücken.
So oft greife ich nach Seilen,
die nicht halten, und verfange mich darin.
Ich wähle die falschen Auswege
und ziehe die Seile enger und enger um mich.
Wie kann ich dem entrinnen?

Menschensohn, entwirre mich!
Nur mit dir kann ich dir gegenübertreten –
jederzeit!

Die Ewigkeit – heute!
Renate Rottensteiner ——

Mein Gott, mein Gott, warum hast du mich verlassen?

Als die sechste Stunde kam, brach eine Finsternis über das ganze Land herein – bis zur neunten Stunde. Und in der neunten Stunde schrie Jesus mit lauter Stimme: Eloï, Eloï, lema sabachtani?, das heißt übersetzt: Mein Gott, mein Gott, warum hast du mich verlassen? Einige von denen, die dabeistanden und es hörten, sagten: Hört, er ruft nach Elija! Einer lief hin, tauchte einen Schwamm in Essig, steckte ihn auf ein Rohr und gab Jesus zu trinken. Dabei sagte er: Lasst, wir wollen sehen, ob Elija kommt und ihn herabnimmt. Jesus aber schrie mit lauter Stimme. Dann hauchte er den Geist aus.

Markus 15,33–37 ⸺

„Früher habe ich deinen Gott sogar geliebt. Aber er schaut zu, wie Menschen leiden. Dein Gott kann nicht entscheiden, welches Leid klein ist und welches groß. Wo war dein Gott, als ich als Kind unters Bett flüchtete, wo war dein Gott, als mich Menschen vor 20 Jahren wie den letzten Dreck behandelt haben. Dein Gott hat zugeschaut bei allem – bis heute. Nicht du oder andere gute Menschen lassen mich im Stich. Es ist dein Gott, der mich damals und heute im Stich lässt. Ich laufe deinem Gott nicht mehr nach." So die ehrlichen Worte einer verzweifelten Frau, die eine schwierige Zeit durchmachen muss und aus dem dunklen Tal nicht herauskommt, obwohl sie unbedingt möchte.

Wir ahnen etwas vom erfahrenen Leid und der Hoffnungslosigkeit nach zu vielen Enttäuschungen. Wir spüren das Ringen mit Gott und den Schmerz, der sich ganz tief eingegraben hat. Gott scheint in diesen Stunden noch weniger greifbar zu sein als einzelne Menschen. Jede Antwort auf diese Zeilen wirkt hilflos und kann sogar zu neuen Verletzungen führen.

Eloï, Eloï, lema sabachtani? Auch Jesus kennt solche Stunden und spürt sein Scheitern. Er hat noch die Kraft, seinen Schmerz herauszuschreien und in seiner Einsamkeit zu klagen. Sein verzweifelter Gebetsschrei drückt sogar Vertrauen aus, weil er Gott direkt ansprechen und ihn „mein Gott" nennen kann. Seine Klage hat eine Adresse und fällt nicht ins Leere: *Er hat in den Tagen seines irdischen Lebens mit lautem Schreien und unter Tränen Gebete und Bitten vor den gebracht, der ihn aus dem Tod retten konnte.* (Hebräerbrief 5,7)

Psalm 22

Mein Gott, mein Gott, warum hast du mich verlassen, bleibst fern meiner Rettung, den Worten meines Schreiens?

Mit diesen Worten beginnt Psalm 22. Der Psalmbeter spürt eine große Gottverlassenheit. Er ruft und bekommt keine Antwort. Er ist allein auf sich gestellt, obwohl er aus der Tradition seines jüdischen Volkes weiß, dass sein Gott ein „Gott mit uns" ist. Was helfen diese schönen Worte, wenn er es jetzt nicht spüren und erfahren kann. Aber der Psalmbeter gibt nicht auf und schreit in seiner ganzen Ohnmacht und Bedrohtheit wiederholt seine Bitte und seine Angst heraus. Durch seinen Aufschrei findet der Beter wieder zum „Du" Gottes und kann nach einer Zeit der Reifung seinem Gott danken, ihn loben und preisen, ja mehr noch: Er fordert am Ende des Psalms das Volk Israel und alle Völker der Erde zum Lob Gottes auf: *Ich will deinen Namen meinen Brüdern verkünden, inmitten der Versammlung dich loben.*

Vermutlich hat Jesus in seiner Sterbestunde nicht nur den Beginn von Psalm 22 gebetet, sondern auch die folgenden Teile, die mitten in der Verzweiflung einen Lichtstrahl der Hoffnung und des Vertrauens aufleuchten lassen. So wird der Psalm 22 zu einem Spiegelbild des Leidensweges Jesu.

Die Kreuzwegstationen in der Pfarrkirche Allerheiligen in Innsbruck wurden von Richard Kurt Fischer gemalt. Die zwölfte Station zeigt nicht nur den sterbenden Jesus am Kreuz, sondern auch Hände, die vom Himmel herabkommen und den Sterbenden halten. Gott ist in dieser dramatischen Stunde nicht abwesend, sondern zeigt höchste Aufmerksamkeit und Wachsamkeit. Gott lässt uns am Karfreitag unseres Lebens nicht fallen.

Psalm 22 will helfen, die Ohnmacht und auch Erfahrungen der Gottferne ernst zu nehmen, die Ich-Bezogenheit aufzugeben und um eine neue Begegnung mit Gott und den Menschen zu ringen.

Impuls

Ich bete vor einem Kreuz mit Jesus den Psalm 22:

Mein Gott, mein Gott, warum hast du mich verlassen,
bleibst fern meiner Rettung, den Worten meines
Schreiens?
Mein Gott, ich rufe bei Tag, doch du gibst keine
Antwort;
und bei Nacht, doch ich finde keine Ruhe. [...]
Dir haben unsere Väter vertraut,
sie haben vertraut, und du hast sie gerettet.
Zu dir riefen sie und wurden befreit,
dir vertrauten sie und wurden nicht zuschanden.

Ich aber bin ein Wurm und kein Mensch,
der Leute Spott, vom Volk verachtet. [...]
Hingeschüttet bin ich wie Wasser,
gelöst haben sich all meine Glieder.
Mein Herz ist geworden wie Wachs,
in meinen Eingeweiden zerflossen.
Meine Kraft ist vertrocknet wie eine Scherbe,
die Zunge klebt mir am Gaumen,
du legst mich in den Staub des Todes. [...]
Du aber, HERR, halte dich nicht fern!
Du, meine Stärke, eil mir zu Hilfe! [...]
Denn er hat nicht verachtet,
nicht verabscheut das Elend des Armen.
Er hat sein Gesicht nicht verborgen vor ihm;
er hat gehört, als er zu ihm schrie. [...]
Die Armen sollen essen und sich sättigen;
den HERRN sollen loben, die ihn suchen.
Aufleben soll euer Herz für immer.

Verse 1–3.5–7.15–16.20.25.27

Vater, schenke Einheit

Ich bitte nicht nur für diese hier, sondern auch für alle,
die durch ihr Wort an mich glauben. Alle sollen eins sein:
Wie du, Vater, in mir bist und ich in dir bin, sollen auch
sie in uns sein, damit die Welt erkennt, dass du mich
gesandt hast.

Johannes 17,20–21 ——

Manchmal ist es wahrlich zum Verzweifeln. Eine Familie
hätte es so schön miteinander, aber alle streiten ständig.
Eine Kleinfirma hätte wirtschaftlich alle Chancen, aber
bei den Mitarbeitern ist der Wurm drin und die miss-
trauische Kommunikation erzeugt einen Fehler nach dem
anderen. Ein Staat wie Österreich ist reich und stabil, aber
die Angst, dass Flüchtlinge uns alles wegnehmen, vergiftet
das politische Klima im Land. Ein Fußballteam befindet
sich in Höchstform, aber der Egoismus und der Neid Einzelner verhindern das Zusammenspiel im entscheidenden
Moment. Nach dem Tod der Eltern streiten Kinder bis aufs
Blut um das Erbe und vergessen, dass sie Geschwister sind.
Eine Ehe zerbricht nach einer langen schönen, gemeinsa-
men Zeit. Religionen predigen den Frieden, träumen von
der Liebe Gottes und vergrößern trotzdem die Spannungen
unter Völkern. Warum geschieht das alles? Warum lernt
der Mensch nicht aus der Geschichte?

Kurz vor seinem grausamen Tod bittet Jesus um Einheit
in der Welt und hat dabei wohl die vielen zerstörerischen
Situationen aller Jahrhunderte im Blick. Der größte Kenner
von uns Menschen weiß, wovon er spricht. Auch deswegen
darf seine Bitte um ein gutes Miteinander niemals verstummen. Sie gilt für das Zusammenleben in Familien und Grup-
pen genauso wie für Religionen und verschiedene Nationen.

Wahre Einheit

Jesus erfährt in seiner Verbindung zum Vater, was wahre Einheit ist. Diese ist keine Gleichmacherei und kein Einheitsbrei. Beide leben vollsten Einsatz, beide ergänzen sich gegenseitig und erleben sich nicht als Konkurrenten oder Gegner, sondern als Hilfe und Ergänzung. Diese positive Erfahrung möchte Jesus an die ganze Menschheit weitergeben. *Alle sollen eins sein: Wie du, Vater, in mir bist und ich in dir bin, sollen auch sie in uns sein, damit die Welt erkennt, dass du mich gesandt hast.* Jesus nimmt uns in seine Gottesbeziehung hinein. Das ist Modell und Vorbild. Auch und gerade deswegen darf Jesu Bitte nicht verstummen!

Herr, mach mich zu einem Werkzeug deines Friedens,
dass ich liebe, wo man hasst;
dass ich verzeihe, wo man beleidigt;
dass ich verbinde, wo Streit ist;
dass ich die Wahrheit sage, wo Irrtum ist;
dass ich Glauben bringe, wo Zweifel droht;
dass ich Hoffnung wecke, wo Verzweiflung quält;
dass ich Licht entzünde, wo Finsternis regiert;
dass ich Freude bringe, wo der Kummer wohnt.

Herr, lass mich trachten,
nicht, dass ich getröstet werde, sondern dass ich tröste;
nicht, dass ich verstanden werde, sondern dass ich verstehe;
nicht, dass ich geliebt werde, sondern dass ich liebe.
Denn wer sich hingibt, der empfängt;
wer sich selbst vergisst, der findet;
wer verzeiht, dem wird verziehen;
und wer stirbt, der erwacht zum ewigen Leben.
Gebet, das dem heiligen Franziskus zugeschrieben wird ——————

Morgengebet Jesu

In aller Frühe, als es noch dunkel war,
stand er auf und ging an einen einsamen Ort, um zu beten.
Markus 1,35 ———

Das Markusevangelium schildert einen modellhaften Tag im Leben Jesu (Markus 1,21–39). Wen wundert es, dass zu diesem Tag ein betendes Atemholen der Seele wesentlich dazugehört. Um genügend Zeit fürs Beten zu haben, steht Jesus noch in der Nacht auf. Beten gehört zu seiner Identität. Ihm ist wichtig, dass Beten nicht nur die Erfüllung einer Pflicht oder das Gnädigstimmen Gottes, sondern zuallererst eine Beziehungspflege zu seinem Vater ist. Jesus ist einer, der deshalb so engen Kontakt zu den Menschen hat, weil er aus dem Gebet heraus lebt und liebt.

Doppeltes Frühstück

Jussuf, ein sozial engagierter Tiroler, frühstückt seit 45 Jahren zweimal am Morgen. Das erste Frühstück verbringt er mit dem lieben Gott, das zweite nimmt er mit seiner Frau ein. Beim ersten Frühstück setzt er sich an den Küchentisch und liest Worte aus der Bibel, meistens die Schrifttexte, die in der Kirche für den jeweiligen Tag vorgesehen sind. Er unterstreicht dabei das eine oder andere Wort, schreibt seine Gedanken in die Bibel hinein oder in ein Tagebuch und bereitet sich betend für die Begegnungen des beginnenden Tages vor. Er versucht dabei ganz bewusst, den neuen Tag mit den Augen Gottes zu sehen. Nach diesem Frühstück mit Gott deckt er den Tisch und bereitet alles für die Begegnung mit seiner Frau vor. Wir ahnen es! Wer so den Tag beginnt, startet mit guten Vorzeichen.

Noch vor der ersten Verabredung mit dem Tag
zunächst das Tagesgeschäft beiseiteschieben
erst einmal sich erneut Gottes Nähe abholen
Gott Platz einräumen
Gottes Mitgehen durch den Tag ernst nehmen
und dann die Dinge angehen
Maike Lauther-Pohl ——

Kultur des Anfangs

Ich finde es wohltuend und bereichernd, wenn ich offen und gelassen in den Tag starte. Schwierig wird es hingegen, wenn alles hektisch beginnt oder von der Sorge geprägt ist, ob ich heute alles schaffe. Befreiend, wenn es mir am Beginn des Tages gelingt, das Tagesgeschäft und die Tageslast nochmals beiseitezuschieben. Das Gefühl, dass Gott auch heute da ist und mit mir mitgeht, stärkt mir den Rücken. Da wir dies nicht so selbstverständlich glauben oder kaum bemerken, hilft ein Morgengebet oder ein Ritual, sich die Nähe Gottes abzuholen. Diese gelebte Spiritualität kann zu einem tragenden Fundament werden, das mir im Auf und Ab des Tages den Boden unter den Füßen stärkt. So ein Fundament ist mehr als die kurze Unterbrechung des Alltags oder sogar die Flucht vor ihm.

Der tägliche Gebetsschatz der Kirche weiß um die Kultur des Anfangs und dass Loben und Danken hilfreicher sind als Jammern und Betteln. Deshalb heißt das Morgengebet der Kirche nicht zufällig Laudes (Lobpreis). Dabei werden die Psalmen gebetet, die schon seit mehr als zwei Jahrtausenden den Menschen beim Beten eine Sprache geben. Ich darf den Tag schon vor dem Abend loben.

Ergebnis

Nach dem morgendlichen
Gang über die
Psalmbrücke

drehe ich mich nicht mehr
um die eigene
Achse

ich atme die alten
Heilworte in meine
Tagängste

und bin
guter Hoffnung.
Wilhelm Bruners ———

Impuls

Wie geht es Ihnen mit dem Morgengebet? Starten
Sie lieber mit der Tageszeitung oder mit einem kurzen
Gebet?

Gott, du schenkst mir einen neuen Tag.
Du bist da, du bist dabei.
Ich danke dir.

Abendgebet Jesu

Es geschah aber in diesen Tagen, dass er
auf einen Berg ging, um zu beten.
Und er verbrachte die ganze Nacht im Gebet zu Gott.

Lukas 6,12 ——

Die Bibel berichtet, dass sich Jesus am Abend gerne allein auf einen Berg zurückzog, um zu beten. Er tut dies an Tagen der Freude und an Tagen voll Sorgen. Er weiß in diesen Zeiten, dass er nicht allein ist und sein Vater gerade auch in schwierigen Stunden mitgeht. Er darf seine Erfahrungen und sein Leben in Gottes Hände legen. Und wir dürfen es auch! Wenn ich mich Gott anvertraue, wird mein Herz ruhiger.

Gutes und ehrliches Nachdenken sind eine Lebenskunst, mit deren Hilfe ich meine Beziehungen, meine Arbeit, meine Ziele, aber auch meine Enttäuschungen und Grenzen realistisch sehe. Grübelndes Nachdenken hingegen birgt die Gefahr, dass ich mich in eine Sackgasse hineinmanövriere oder nur mehr um mich selber kreise. Etwas gut sein zu lassen, ist dann nicht mehr möglich.

Beten hat mit dem Nachdenken viele Gemeinsamkeiten und doch einen wesentlichen Unterschied, den ich nicht missen möchte. Beim Gebet öffnet sich ein neuer Horizont. Ich schaue nicht nur auf mich, sondern mehr noch auf jemanden und weiß, dass jemand auf mich schaut. Das tut so gut und gibt eine neue befreiende Dynamik.

Den Tag von den Schultern nehmen
Stillstand und Ruhe als Gast an den Tisch legen
es gut sein lassen
auch die Frage nach Leistung aus der Hand geben

dem Vertrauen Platz machen
dass Ungelöstes gut aufgehoben ist in Gottes Hand.
Maike Lauter-Pohl ——

Den Tag gut sein lassen

Ein schlichtes Abendgebet hilft, den Tag gut abzuschließen und den Feierabend zu spüren. Ich danke für das Geschenk des Tages und nehme nichts für selbstverständlich. Die Seele kommt zur Ruhe. Ich „werfe Gott den Sack vor die Füße" (Martin Luther) und stelle die Sorgen und Lasten bei Gott ab, damit sie mich nicht bis in den Schlaf und in die Träume hinein verfolgen. Sogar dann, wenn am Tag einiges schiefgelaufen ist, will und kann ich jetzt den Tag gut sein lassen.

Edith Stein berichtet, wie heilsam ihr Abendgebet gerade an erfolglosen Tagen war: „Wenn die Nacht kommt und der Rückblick zeigt, dass alles Stückwerk war und vieles ungetan geblieben ist; wenn so manches tiefe Beschämung und Reue weckt: Dann alles nehmen, wie es ist, es in Gottes Hände legen und ihm überlassen. So wird man in ihm ruhen können, wirklich ruhen, und den neuen Tag wie ein neues Leben beginnen."

Nachtgebet der Kirche (Komplet)

Herr, auf dich vertraue ich,
in deine Hände lege ich mein Leben.
Lass leuchten über deinem Knecht dein Antlitz,
hilf mir in deiner Güte.
Sei unser Heil, o Herr, wenn wir wachen,
und unser Schutz, wenn wir schlafen;
damit wir wachen mit Christus
und ruhen in seinem Frieden.

2. Gebetsrufe an Jesus

Die Bibel berichtet, dass ganz verschiedene Menschen – Juden, Römer, Griechen – zu Jesus kommen und von ihm nicht nur etwas, sondern alles erwarten.

Ihr vorbildliches Vertrauen zeigt uns, wie wir zu Jesus kommen sollen:

- ganz selbstverständlich, natürlich, zielstrebig, ängstlich …
- so, wie wir sind
- so, wie es die Menschen damals getan haben

Jesus

Er war Gott gleich, hielt aber nicht daran fest, Gott gleich
zu sein, sondern er entäußerte sich und wurde wie ein
Sklave und den Menschen gleich. Sein Leben war das eines
Menschen; er erniedrigte sich und war gehorsam bis zum
Tod, bis zum Tod am Kreuz. Darum hat ihn Gott über
alle erhöht und ihm den Namen verliehen, der größer ist
als alle Namen, damit alle im Himmel, auf der Erde und
unter der Erde ihre Knie beugen vor dem Namen Jesu
und jeder Mund bekennt: Jesus Christus ist der Herr –
zur Ehre Gottes, des Vaters.

Philipperbrief 2,6–11 ――――

Unser Name ist mehr als eine Nummer oder Schall und
Rauch, er enthält ein Lebensmotto und ein Programm.
Bei Jesus gilt das ganz besonders. Der hebräische Name
„Jeschua" bedeutet „Jahwe ist Heil" und bringt wie ein
Logo schon am Beginn seines Lebens auf den Punkt, war-
um Jesus in die Welt gekommen ist. In diesem Namen
spricht Gott endgültig und unverkennbar zu uns Menschen
und wird für immer ansprechbar und greifbar.

Die Bibel berichtet, dass Jesus seinen Namen im Auftrag Gottes erhält. Der Engel Gabriel spricht zu Maria:
Siehe, du wirst schwanger werden und einen Sohn wirst du
gebären; dem sollst du den Namen Jesus geben. (Lukas 1,31)
Auch Josef wird diese Namenswahl vorgegeben: *Ihm sollst*
du den Namen Jesus geben; denn er wird sein Volk von sei-
nen Sünden erlösen. (Matthäus 1,21) In dieser Begründung
geschieht eine wichtige Deutung des Namens Jesu: Gottes
Heil zeigt sich darin, dass Gott Sünden vergibt und sich
einsetzt, dass wir unsere Sünden nicht wie einen Felsbro-
cken ständig mittragen müssen. Jesus kommt in diese Welt,

um zu heilen, zu suchen und zu retten, was verloren war
(Lukas 19,10).

Jesusgebet

Die Verehrung des Namens Jesu beginnt bereits in der
Urkirche. Paulus überliefert uns in seinem Brief an die
Gemeinde in Philippi einen liturgischen Text, der in seinen
Gemeinden bei Gottesdiensten als Gebet und Glaubens-
zeugnis verwendet wurde. *Darum hat ihm Gott den Namen
verliehen, der größer ist als alle Namen, damit alle im Himmel, auf der Erde und unter der Erde ihre Knie beugen vor
dem Namen Jesu und jeder Mund bekennt: Jesus Christus ist
der Herr – zur Ehre Gottes, des Vaters.*

Auch heute pflegen viele Menschen den Kontakt zu
Jesus, indem sie wiederholt und ganz bewusst den Namen
Jesus aussprechen. In der Ostkirche wird im Jesusgebet die
Anrufung des Namens Jesu besonders gepflegt. „Jesus, du
bist da." „Jesus, begleite mich durch den Tag." „Jesus, heute
benötige ich besonders deine Nähe." „Jesus, vergib." Beim
Jesusgebet braucht es nicht viele Worte, sondern einzig den
regelmäßigen, treuen und liebevollen Blick auf Jesus. Dieser fördert die Beziehung und verwandelt unser Leben. *Wir
sollen an den Namen seines Sohnes Jesus Christus glauben
und einander lieben gemäß dem Gebot, das er uns gegeben
hat.* (1. Johannesbrief 3,23)

IHS

Bernhard von Siena und Johannes von Capestrano setzten
sich in Italien dafür ein, dass das Zeichen IHS viele Häuser
schmückt, unsere Augen tagtäglich an den Namen Jesus erinnert und zum Gebet einlädt. Die drei Buchstaben IHS sind
zunächst die Anfangsbuchstaben des griechisch geschriebe-
nen Namens Jesu. Im deutschen Sprachraum wurde daraus

die Kurzformel „Jesus, Heiland, Seligmacher". Innerhalb des
Jesuitenordens wird IHS gerne als „Jesus Habemus Socium
= Wir haben Jesus zum Gefährten" verehrt. Andere Deutun-
gen lauten „Jesus Hominum Salvator = Jesus, Heiland der
Menschen" oder „Im Himmel Sein".

Die katholische Kirche feiert am 3. Jänner den Gedenk-
tag „Heiligster Name Jesu". Dieser Tag ist einer der vielen
Festtage in der Weihnachtszeit, die Gottes Melodie von der
Menschwerdung Jesu erklingen lassen, *damit alle im Him-*
mel, auf der Erde und unter der Erde ihre Knie beugen vor
dem Namen Jesu und jeder Mund bekennt: Jesus Christus
ist der Herr – zur Ehre Gottes, des Vaters. Wir sehen: Jesu
Name ist nicht Schall und Rauch, er enthält ein Programm
und eine befreiende Botschaft.

Jesus Litanei
Antwort jeweils: *Kyrie, eleison*

Jesus, du Sohn des lebendigen Gottes
Jesus, du unser Heiland
Jesus, du unsere Hoffnung
Jesus, du unser Erlöser
Jesus, du Bruder der Menschen
Jesus, du Freund der Sünder
Jesus, du Hilfe der Kranken
Jesus, du guter Hirte
Jesus, du Stifter des Friedens
Jesus, du Trost der Trauernden
Jesus, du Zuflucht der Verfolgten
Jesus, du Brot, von dem wir leben
Jesus, du Licht, durch das wir sehen
Jesus, du Weg, auf dem wir gehen
Aus dem Gotteslob Nr. 561 ———

Was haben wir mit dir zu tun, Jesus?

*In ihrer Synagoge war ein Mensch, der von einem
unreinen Geist besessen war. Der begann zu schreien:
Was haben wir mit dir zu tun, Jesus von Nazaret?
Bist du gekommen, um uns ins Verderben zu stürzen?
Ich weiß, wer du bist: der Heilige Gottes.
Da drohte ihm Jesus: Schweig und verlass ihn!
Der unreine Geist zerrte den Mann hin und her
und verließ ihn mit lautem Geschrei.*

Markus 1,23–26 ——

Ein Religionslehrer an einem Tiroler Gymnasium besprach
vor einigen Jahren im Unterricht verschiedene Bibelstellen.
Da meinte ein Schüler: „Ich kenne diese Texte und habe
sie schon oft gehört, aber sie berühren mich nicht." Darauf fragte der Lehrer: „Hast du eine Ahnung, warum sie
dich nicht berühren?" Der Schüler antwortete: „Vielleicht
deswegen, weil ich Angst habe, dass ich mich dann ändern
müsste." Der ehrliche Schüler erkennt an sich selbst eine
Lebenshaltung, die viele Menschen zutiefst prägt: Ich leh-
ne etwas ab, um mich einer Situation nicht stellen zu müssen. Ein Anliegen hat bei mir keine Chance, weil ich nicht
nachfragen will, was dahintersteckt. Ich schimpfe über die
Eigenschaften eines Nachbarn und merke nicht, dass diese
genau meine Schwächen sind.

Eigenartige Worte an Jesus

Bei Exerzitien meinte ein erfahrener Meister, dass wir
Christen uns nicht nur nach einer intensiven Beziehung zu
Jesus Christus sehnen, sondern oft auch eine unbewusste
Angst haben, dass uns Jesus etwas wegnimmt: „Wenn ich
Jesus den kleinen Finger hinhalte, dann nimmt er die gan-

ze Hand." Der Exerzitienmeister regte an, unsere Ängste
ernst zu nehmen, zu formulieren und Jesus hinzulegen.
Jesus hält dies aus, er ist nicht sofort beleidigt, wenn wir
kritische Fragen stellen.

Die Bibel hilft uns dabei, indem sie auch eigenarti-
ge Worte an Jesus überliefert: *Was haben wir mit dir zu
tun, Jesus von Nazaret?* Der unreine Geist eines Kranken
schreit Jesus mit diesen Worten an und setzt dann noch
nach: *Bist du gekommen, um uns ins Verderben zu stürzen?
Ich weiß, wer du bist: der Heilige Gottes.* Ich habe oft nach-
gedacht, warum der unreine Geist Jesus abblockt, obwohl
er so klar erkennt, wer Jesus wirklich ist. Wie passt das
zusammen? In der Synagoge von Kafarnaum sind jedenfalls die Fronten sofort erkennbar. So eigenartig es klingt:
Vieles wird schneller geklärt, wenn die Sachen offen auf
den Tisch gelegt und ganz direkt ausgesprochen werden.
Gilt das auch für unser Gebet, für unsere Haltung Gott
gegenüber?

Unreine Geister

Es gibt auch heute in uns und mitten unter uns unreine
Geister:
- den unreinen Geist des Fanatismus, der Menschen
  immer enger macht
- den unreinen Geist der Rache, der blind macht
- den unreinen Geist der Eifersucht, der bereit ist, alles
  zu zerstören
- oder den unreinen Geist der Hartherzigkeit, der jede
  Erneuerung blockiert

Jesus wird für solche Haltungen zur Bedrohung:
- Jesus will nicht Fanatismus, sondern Weite.
- Er will nicht Rache, sondern Vergebung.

- Er will nicht Eifersucht, sondern gegenseitiges Tragen und Ertragen.
- Er will nicht Hartherzigkeit, sondern die Verbesserung der Welt.

Jesus, manchmal verstecke ich mich vor dir,
weil ich Angst habe, dass du mehr von mir willst
und dass ich mich ändern müsste.
Jesus, du kennst mich.

Ich glaube, hilf meinem Unglauben

*Sobald der Geist Jesus sah, zerrte er den Jungen hin und
her, sodass er hinfiel und sich mit Schaum vor dem Mund
auf dem Boden wälzte. Jesus fragte den Vater: Wie lange hat
er das schon? Der Vater antwortete: Von Kind auf; oft hat
er ihn sogar ins Feuer oder ins Wasser geworfen, um ihn
umzubringen. Doch wenn du kannst, hilf uns; hab Mitleid
mit uns! Jesus sagte zu ihm: Wenn du kannst? Alles kann,
wer glaubt. Da rief der Vater des Knaben: Ich glaube; hilf
meinem Unglauben!*

Markus 9,20–24 ——

Kennen Sie das Gemälde „Transfiguration" des berühm-
ten italienischen Malers Raffael Santi? Das Kunstwerk ist
in Anlehnung an Markus 9,1–29 als Doppelbild konzi-
piert und stellt sowohl die Verklärung Jesu auf dem Berg
als auch die anschließende Heilung eines jungen Mannes
dar. Im oberen Teil des Bildes schwebt der verklärte Jesus,
umgeben von Mose und Elija. Die drei Jünger Petrus,
Johannes und Jakobus schauen überrascht und geblendet
zu Jesus auf. In der unteren Bildhälfte starren die restli-
chen neun Apostel aufgeregt auf jenen jungen Mann, der
offensichtlich gerade einen epileptischen Anfall erleidet.
Der Vater hält seinen kranken Sohn, um ihn zu beruhigen.
Einige Apostel zeigen mit der Hand auf Jesus hin. Kann der
verklärte Jesus hier helfen? Kann die Verklärung Jesu eine
Antwort sein auf das Leid dieser Welt oder ist sie höchs-
tens eine Flucht aus dem Jammertal des Lebens? Der Vater
des Buben hat Vertrauen, dass die Verklärung nicht nur ein
Ereignis auf dem Gipfel des Lebens bleibt, sondern auch in
den Tiefen des Tales spürbar wird. Er bittet um diese Verbindung.

Ich glaube, hilf meinem Unglauben

Der Vater spricht diese Bitte bescheiden und hoffnungs-
voll aus. Er wurde schon so oft enttäuscht. Jetzt setzt er die
letzte Hoffnung auf Jesus und wird für seinen Einsatz und
für sein Vertrauen belohnt. Jesus heilt seinen Sohn und
verlängert damit die Verklärung Jesu in den Alltag hinein.
Diese strahlt jetzt weiter, durchdringt den Kranken und
lässt den Geplagten schon auf dieser Welt etwas vom Himmel erahnen.

Ich glaube, hilf meinem Unglauben! Diese Worte beten
viele Menschen, weil sie bis in die letzten Fasern ihres
Lebens spüren: „Ich würde gerne glauben, aber ich kann
nicht." „Ich sehne mich danach zu glauben." „Ich hätte so
gern den Glauben vieler Kinder, der nicht alles problema-
tisiert!" Ein engagierter Jugendlicher unserer Pfarre meinte
bei einer Diskussion zum Thema Glauben und Heilung:
„Natürlich ist der Glaube nicht wie McDonalds, der innerhalb 90 Sekunden einen fertigen Burger liefert, sondern
vielmehr etwas, auf das man sich einlassen, verlassen und
für das man etwas investieren muss."

Ich glaube, hilf meinem Unglauben! Demütig und vertrauensvoll, hilflos und zuversichtlich, gedankenlos und
ganz bewusst schwingen am Beginn des Rosenkranzes die
Worte zum Himmel: … der uns den Glauben vermehre,
… der uns die Hoffnung stärke, … der uns die Liebe entzünde.

Jesus, ich würde so gerne glauben.
Aber ich kann nicht.
Ich kann nicht blind das nachplappern,
was mir andere vorsagen.
Ich möchte vieles genauer wissen.
Ich möchte vieles verstehen.

Hilfst du mir dabei?
Fülle meinen Unglauben mit Vertrauen
und schenke mir Momente der Klärung und Verklärung!

Herr, wohin sollen wir gehen?

Daraufhin zogen sich viele seiner Jünger zurück und gingen nicht mehr mit ihm umher. Da fragte Jesus die Zwölf: Wollt auch ihr weggehen? Simon Petrus antwortete ihm: Herr, zu wem sollen wir gehen? Du hast Worte des ewigen Lebens. Wir sind zum Glauben gekommen und haben erkannt: Du bist der Heilige Gottes.

Johannes 6,66–69 ———

Die Freunde haben mich enttäuscht. Die Familie nervt. In der Arbeit geht alles daneben. Meine Ideale sind zerbrochen. Krankheiten werfen mich aus der Bahn. Und Gott hat auch nichts zu bieten. Am besten davonlaufen, alles hinter mir lassen und untertauchen. Mir reicht's. Ich will irgendwohin verschwinden, wo alles besser, schöner und einfacher ist.

Wir alle kennen solche Gedanken, die in Stunden der Verzweiflung in voller Wucht auftauchen. Auch beim Gebet können diese Gefühle entstehen.

Das Johannesevangelium berichtet, dass es bereits in Galiläa eine Krise unter den Jüngern gibt und viele ihn verlassen wollen. Dies geschieht ausgerechnet nach der wunderbaren Speisung der Menge, dem beeindruckenden Sturm auf dem See und der „Brotrede" in der Synagoge von Kafarnaum (Johannes 6,1–59). Die Jünger haben das Gefühl, dass sie mit Jesus auf das falsche Pferd gesetzt haben und ihre Erwartungen wie Sand zerbröseln. Sie murren: *Diese Rede ist hart. Wer kann sie hören?* (Johannes 6,60) Jesus spürt ihre Gedanken, spricht die Situation ganz offen an und fragt die zwölf Apostel, ob auch sie weggehen wollen. In der Frage Jesu erahnen wir die Schauer erregende Freiheit des Menschen, sich der Botschaft Gottes verweigern zu können.

Jetzt ist bei den Jüngern eine Entscheidung gefragt. Petrus ergreift als Sprecher der Zwölf das Wort: *Herr, zu wem sollen wir gehen? Du hast Worte des ewigen Lebens. Wir sind zum Glauben gekommen und haben erkannt: Du bist der Heilige Gottes.* Natürlich versteht auch Petrus nicht, wie es sein kann, dass sich Jesus den Menschen zur Speise gibt. Aber er bleibt mit seinem Verstand nicht an dieser Frage hängen, sondern vertraut der Person Jesus, den er seit längerer Zeit so hautnah erleben durfte. Er legt ein großes Bekenntnis ab: *Du hast Worte des ewigen Lebens. Du bist der Heilige Gottes.* Stunde der Gnade, des Vertrauens, der tiefsten Verbindung mit Jesus, auch der Vorbildwirkung! Begreifen kann und muss er jetzt nicht alles, aber er will vertrauen, radikal vertrauen, diesem Jesus allein! Wenn diese Stunde auch nicht sein ganzes Leben anhält, so prägt sie doch seinen Lebensweg und seine langfristigen Entscheidungen.

Petrus spricht nicht nur von sich, sondern im Namen aller Jünger. Er zeigt in seinen Worten, dass er sich nicht als Einzelgänger sieht, sondern gemeinsam mit den anderen. Er ahnt, dass ein gelungenes Leben das Miteinander mit anderen benötigt und jeder Mensch ohne lebendige Beziehungen austrocknet. Diese entscheidenden Worte des Petrus können auch uns zu guten Entscheidungen im Leben und im Glauben führen: Es geht um Beziehung und um Gemeinschaft mit Gleichgesinnten, es geht um den letzten Halt.

Jesus, ich bitte dich
um die persönliche Freundschaft mit dir,
um Gemeinschaft mit Gleichgesinnten,

um motivierende Worte, die in mein Herz fallen,
um göttliche Haltegriffe im Leben und im Sterben
und um die Fähigkeit, dass ich treu meinen Weg gehe.
Halte mich an deiner Hand.
Jesus, du gibst Halt.

Mein Herr und mein Gott

Acht Tage darauf waren seine Jünger wieder drinnen
versammelt und Thomas war dabei. Da kam Jesus bei
verschlossenen Türen, trat in ihre Mitte und sagte:
Friede sei mit euch! Dann sagte er zu Thomas:
Streck deinen Finger hierher aus und sieh meine Hände!
Streck deine Hand aus und leg sie in meine Seite
und sei nicht ungläubig, sondern gläubig! Thomas
antwortete und sagte zu ihm: Mein Herr und mein Gott!
Johannes 20,26–28 ——

Auch beim Beten gibt es Straßengräben, in die ich hinein-
fallen kann. Einer ist die Erwartung, dass ich mich beim
Gebet immer glücklich fühlen muss. Ein anderer ist die
Haltung: „Wenn ich bete und nicht sofort gestärkt werde oder erfolgreich bin, dann ist mein Glaube schwach."
Jesus Christus, der trotz seines unendlichen Glaubens am
Kreuz stirbt, und Menschen wie der Apostel Thomas zeigen uns, dass dies falsche Erwartungen und Haltungen
sind.

Thomas sucht und findet

Als der Auferstandene am Ostermorgen zu den zehn ver-
ängstigten Jüngern kommt, ist Thomas nicht dabei. Er
kann ihren begeisterten Worten nicht glauben, dass sie den
Herrn gesehen haben. Thomas will mit allen Sinnen erfahren, ob das wirklich stimmt, was seine Freunde behaupten.
Er will sich nichts einreden lassen, was er nicht selbst be-
griffen hat. Er will fühlen, tasten, hören und sehen. Der
Auferstandene erscheint eine Woche später nochmals dem
Kreis der Jünger, spricht Thomas direkt an und fordert
ihn auf, die Finger in seine Hände und die ganze Hand in

seine Seite zu legen und dann zu glauben. Was geschieht? Thomas ist berührt, noch bevor er die Wunden von Jesus berührt, und spricht das Glaubensbekenntnis: *Mein Herr und mein Gott!*

Es ist unfair, das Verhalten des Apostels Thomas als „ungläubig" abzustempeln. Sein Handeln enthält vielmehr gute Voraussetzungen für bewusste Entscheidungen und für ein tiefsinniges Leben. Ohne die Nüchternheit des Thomas ist der Glaube in Gefahr, gerade das Unmöglichste und die neueste Erscheinung für das Wichtigste im Glauben zu halten und das Zentrum zu vergessen. Der oft zitierte Satz „Glauben heißt nichts wissen" verhindert manchmal, genauer hinzuschauen und einen fundierten Glauben zu entwickeln. Wer wie Thomas mit allen Sinnen der Wahrheit näher kommen will, bleibt kein Mitläufer, kein naiver Schwärmer und kein oberflächlicher Mensch.

Die Nüchternheit des Thomas kann unser Beten vom falschen Druck befreien, dass wir uns beim Beten immer wohl fühlen und sozusagen den Auferstandenen überall sehen müssen. Glauben bedeutet, tiefer zu schauen und die Welt mit den Augen Gottes zu beurteilen.

Gebet des heiligen Niklaus von Flüe

Mein Herr und mein Gott,
nimm alles von mir, was mich hindert zu dir.
Mein Herr und mein Gott,
gib alles mir, was mich fördert zu dir.
Mein Herr und mein Gott,
nimm mich mir und gib mich ganz zu eigen dir.

Bleibe bei uns

*So erreichten sie das Dorf, zu dem sie unterwegs waren.
Jesus tat, als wolle er weitergehen, aber sie drängten ihn
und sagten: Bleibe bei uns; denn es wird Abend, der Tag
hat sich schon geneigt! Da ging er mit hinein, um bei ihnen
zu bleiben. Und es geschah, als er mit ihnen bei Tisch war,
nahm er das Brot, sprach den Lobpreis, brach das Brot
und gab es ihnen. Da wurden ihre Augen aufgetan
und sie erkannten ihn; und er entschwand ihren Blicken.*

Lukas 24,28–31 ———

Immer wieder lese ich mit Freude das Osterevangelium
von den beiden Emmausjüngern. Es ist für mich Inbegriff
für die Dynamik, die vom Karfreitag zum Ostermorgen
führt. Es nimmt unsere Ängste und Sorgen ernst, führt uns
behutsam und hilft uns, sogar mitten im Leid die Augen
für die Gegenwart Gottes zu öffnen. Neue Wege und neue
Türen tun sich auf.

Auch und gerade deswegen frage ich mich manchmal,
warum Jesus in Emmaus nicht unaufgefordert das Haus
der beiden Jünger betritt. Ist sein Handeln ein Akt der
Höflichkeit, in ein fremdes Haus nicht ohne Einladung
hineinzugehen? Warum tut Jesus, als wolle er weitergehen?
Manchmal denke ich mir: Jesus hat es nicht nötig, sich betteln zu lassen. Es ist vielmehr für unser Beten wichtig, Jesus
bewusst in unsere Mitte einzuladen. Dann öffnen wir unser
Herz bereitwilliger und sind offener für die Begegnung mit
ihm. Durch die ausgesprochenen Worte „Komm zu uns"
oder „Bleib bei uns" betonen und bitten wir, dass wir es
wirklich wollen und nicht nur nebenbei etwas mit Jesus
zu tun haben wollen. Diese Worte ändern und bestärken
unsere Aufmerksamkeit.

Wie gut tut es, zu wissen, dass der Auferstandene bei uns bleibt und nicht verschwindet, wenn es langweilig wird oder wenn Gefahren drohen. Gerade in solchen Situationen bleibt er bei uns. Wie tröstlich ist die Zusage Jesu, mit der das Matthäusevangelium schließt: *Ich bin mit euch alle Tage bis zum Ende der Welt.* (Matthäus 28,20) Wer glaubt, ist nicht allein.

Jesus,
du hast das Kreuz, den Tod und die Sinnlosigkeit
unserer Welt erfahren und durchlebt.
Bleibe bei uns,
wenn unser Leben dunkel und sinnlos ist,
wenn wir enttäuscht sind von uns selber
und von anderen Menschen,
wenn unsere Augen nicht mehr weitersehen,
wenn unsere Hände schuldig geworden sind,
wenn unsere Füße nicht mehr weitergehen,
wenn unsere Herzen ausgebrannt sind,
wenn wir alles aufgeben wollen,
wenn alles zum Davonlaufen ist.
Bleibe bei uns.

Komm, Herr Jesus

Er, der dies bezeugt, spricht: Ja, ich komme bald. – Amen.
Komm, Herr Jesus! Die Gnade des Herrn Jesus sei mit allen!
Offenbarung 22,20–21 ——

Wie würden Sie auf die Frage antworten: „Warum sollen wir bitten, dass Jesus kommt, wenn er anscheinend immer da ist?" Ich versuche es meistens mit folgenden Worten: „Jesus ist ganz sicher da, aber leider auch unerkannt und unbemerkt. Deshalb dürfen und sollen wir zu Recht oft beten, dass sich Jesus stärker und öfter zu erkennen gibt und dass wir offener und aufmerksamer für sein Wirken sind."

Es ist für mich kein Zufall, sondern tiefster Ausdruck christlicher Spiritualität, dass die Bibel mit dem Gebetsruf *Komm, Herr Jesus!* endet. Dieser letzte Vers der Bibel enthält den Schrei aller Jahrhunderte und deutet gleichzeitig bereits das große Finale der Heils- und Unheilsgeschichte an. Für mich ist beruhigend, dass am Ende meines Lebens und der Welt nicht irgendjemand oder irgendetwas kommt, sondern Jesus Christus selbst. Dann geschieht die letzte Heilung, die größte Begegnung, die vollkommene Vollendung aller Fasern des Lebens.

Advent

Besonders im Advent bete ich gerne um das dreifache Kommen Jesu: als Kind in Betlehem vor 2000 Jahren, als Wegbegleiter heute und als Weltenrichter am Ende der Welt. Das adventliche Gebet hat drei Standbeine:

Komm, Jesus! Ich bin dankbar, dass Jesus vor 2000 Jahren als wehrloses Kind in unsere Welt gekommen ist, geboren von einer Frau, hineingebettet in die Liebe von Menschen und hineingeworfen in die Rauheit dieser Welt. Sein vorbildliches, beispielhaftes Leben hat viele Menschen motiviert, seinen Spuren zu folgen und ähnlich zu handeln.

Komm, Jesus, komm heute! Gib nicht auf, auch wenn du meist unerkannt und verborgen bleibst oder sogar vor die Türen unserer Herzen hinausgesperrt wirst. Vielleicht hilfst du mir, wachsamer zu sein und die innere Lupe wieder neu einzustellen. Dann sehe ich die vielen Überraschungen am Wegesrand, dann bin ich offener für die Menschen. Klopfst du manchmal versteckt bei mir an, in der Gestalt von anderen Menschen, vielleicht sogar in der Gestalt der Ärmsten unserer Gesellschaft?

Komm, Jesus, komm am Ende der Welt als Richter, der alle aufrichtet und alles zur Vollendung führt! Bei der dritten Ankunft Jesu geht es nicht so sehr um Weltuntergang, Katastrophen oder den Tod, sondern darum, dass mein Leben und die Welt ein klares und gutes Ziel haben.

Messias, zieh ein in unsere Stadt!
Komm zu allen, die warten,
komm zu den Kranken,
komm zu jenen, die Schmerzen haben,
komm doch zu allen, die nicht mehr weiter
oder gar nicht mehr ein und aus wissen.
Komm zu allen, die Kummer haben,
komm zu den Arbeitslosen und jenen,
die eine neue Perspektive in ihrem Leben suchen,
komm und schenk allen Glauben an die Zukunft!
Komm zu jenen, die einander nicht mehr verstehen,
die sich fremd geworden sind,
komm und lass uns nach deinem Lebensmuster leben,
lass uns annehmen und loslassen, was immer nötig ist,
komm und sei unsere Mitte.   Rudolf Bischof ——

3. Beten zum Heiligen Geist

„Zu wem beten Christen und Christinnen? Zum Vater, zum Sohn, zum Heiligen Geist?" „Wer hilft uns beim Beten? Der Vater, der Sohn, der Heilige Geist?" „Ist es schlimm, wenn wir im Gebet einen von ihnen vergessen?"

Diese und ähnliche Fragen höre ich immer wieder. Oft ergibt sich daraus ein tiefgründiges Gespräch, wie wir uns die Dreifaltigkeit und das Zusammenwirken innerhalb dieser höchsten Liebesbeziehung vorstellen. Die Fragen zeigen mir, dass viele Menschen gerne „richtig beten" möchten und ihnen manches nicht so leichtfällt.

Auf die Frage „Soll ich um den Heiligen Geist oder zum Heiligen Geist beten?" antworte ich immer: „Beides! Ich bin so froh, dass uns der Heilige Geist als Hilfe zugesagt ist und dass wir ihn persönlich ansprechen können."

Der ehrgeizige Apostel Paulus hat in der Begegnung mit dem Auferstandenen erfahren, dass alles Wesentliche im Leben nicht machbar oder sogar erpressbar ist, sondern uns geschenkt wird. Er hat selbst erlebt, dass Beten ohne den Geist Gottes ein dröhnendes Erz oder eine lärmende Pauke, mit dem Geist Gottes hingegen eine gottvolle und erlebnisstarke Begegnung ist: *So nimmt sich auch der Geist Gottes unserer Schwachheit an. Denn wir wissen nicht, was wir in rechter Weise beten sollen; der Geist selber tritt jedoch für uns ein mit unaussprechlichen Seufzern.* (Römerbrief 8,26)

Atme in uns, Heiliger Geist

Jesus sagte noch einmal zu ihnen: Friede sei mit euch!
Wie mich der Vater gesandt hat, so sende ich euch.
Nachdem er das gesagt hatte, hauchte er sie an
und sagte: Empfangt den Heiligen Geist!

Johannes 20,21–22 ———

Seit einigen Jahren schmückt die Pfarrkirche Dölsach eine große Altarskulptur des heimischen Künstlers Lois Fasching. Dieser schuf mit der Kettensäge in seiner einzigartigen Technik elf große Holzfiguren. Zehn wirken verwirrt und verängstigt, es sind dies die Apostel am Osterabend. Sie wenden sich dem Auferstandenen zu, der unerwartet in ihre Mitte kommt. Jesus hält beide Hände wie einen Trichter vor sein Gesicht. Man spürt, welche Energie er hat, wie er aus seinem Innersten heraus Kraft holt und seine Jünger und alle Besucher und Besucherinnen der Kirche anhaucht: *Empfangt den Heiligen Geist!* Jesus gibt seinen Atem weiter. Sein Geist bewirkt, dass sich die Enge meines Lebens in Weite, meine Müdigkeit in Kraft und meine Härte in Liebe und Zuwendung verwandelt.

Atem und Schöpfung

Die Bibel berichtet, dass Gott dem Menschen bei dessen Erschaffung den Lebensatem schenkt und dadurch der Mensch erst zum Menschen wird. *Da formte Gott, der* HERR, *den Menschen, Staub vom Erdboden, und blies in seine Nase den Lebensatem. So wurde der Mensch zu einem lebendigen Wesen.* (Genesis 2,7)

Die Selbstverständlichkeit, dass wir vierundzwanzig Stunden am Tag ein- und ausatmen, wird uns erst dann bewusst, wenn wir Probleme mit dem Atmen bekommen und uns die Luft ausgeht. Wir kriegen keine Luft mehr, wenn die Angst uns einschnürt, uns etwas belastet oder die Überforderung wie eine Felswand vor uns steht und immer größer und unüberschaubarer wird. Druck, Zwang und ständiges Hetzen schnüren den Hals zu. Ein flacher Atem zeugt von Unruhe und schenkt keine Gelassenheit.

Folgende Übung hilft, um die Achtsamkeit für den eigenen Körper zu fördern und sich für ein bewusstes Verweilen in der Gegenwart Gottes und auf intensives Beten vorzubereiten:

- Schließe die Augen und nimm die einzelnen Teile deines Körpers wahr, vom Scheitel bis zur Sohle.
- Atme einige Minuten ganz bewusst und tief ein und aus.
- Spüre die Luft in deiner Nase und in deinem Körper.
- Stelle dir die Luft als ein riesiges Meer vor, das dich umgibt und das von Gottes Gegenwart durchdrungen ist.
- Während du einatmest, spüre, wie Gottes Geist in dich eintritt. Fülle deine Lungen mit der göttlichen Energie.
- Lass beim Ausatmen alle deine Ängste, deine negativen Gefühle los.
- Stelle dir vor, wie dein ganzer Körper lebendig wird, weil du Gottes lebensspendenden Geist einatmest und alles Belastende ausatmest.

Gebet als Atemholen der Seele

Die Neuschöpfung durch den Atem Gottes ist kein einmaliges Ereignis am Ostermorgen. Uns Menschen ist zugesagt, dass der Heilige Geist immer wieder kommt und wie der Atem ins Innerste von uns Menschen vordringt. Gut,

wenn wir dazu die Türen öffnen, damit der Heilige Geist
in unser Lebenshaus eintreten und dort wohnen kann. Er
ist ja kein Hausbesetzer oder Parasit, sondern ein heilsamer
Hausbewohner, der uns mehr Leben, Energie und Freude
schenkt. Wie ein willkommener Gast fördert er das Miteinander im eigenen Haus und lässt uns nicht allein, wenn
Ängste kommen, wir schwach werden oder Fehler uns
bedrücken. Es herrscht ein guter Geist.

„Gebet ist Atemholen der Seele" (Augustinus) in der
Gegenwart Gottes. Der Heilige Geist hilft uns bei diesem
Atemholen: *Denn ihr habt nicht einen Geist der Knechtschaft empfangen, sodass ihr immer noch Furcht haben
müsstet, sondern ihr habt den Geist der Sohnschaft empfangen, in dem wir rufen: Abba, Vater! Der Geist selber bezeugt
unserem Geist, dass wir Kinder Gottes sind.* (Römerbrief
8,15–16) Beten im Geist ist demnach nicht nur begeistertes
Beten, sondern vom Geist Gottes unterstütztes und durch-
drungenes Beten. Ich bin nicht allein.

Atme in uns, Heiliger Geist

Atme in uns, Heiliger Geist, brenne in uns, Heiliger Geist,
wirke in uns, Heiliger Geist, Atem Gottes, komm!
Komm, du Geist, durchdringe uns,
komm, du Geist, kehr bei uns ein.
Komm, du Geist, belebe uns, wir ersehnen dich.

Atme in uns, Heiliger Geist, brenne in uns, Heiliger Geist,
wirke in uns, Heiliger Geist, Atem Gottes, komm!
Komm, du Geist der Heiligkeit,
komm, du Geist der Wahrheit.
Komm, du Geist der Liebe, wir ersehnen dich.

Atme in uns, Heiliger Geist, brenne in uns, Heiliger Geist,
wirke in uns, Heiliger Geist, Atem Gottes, komm!
Komm, du Geist, mach du uns eins,
komm, du Geist, erfülle uns.
Komm, du Geist, und schaff uns neu, wir ersehnen dich.
Frz. Originaltitel: Esprit de Dieu, souffle de vie
© 1982 Editions de l'Emmanuel (AVM), Paris.
Für D, A, CH Gemeinschaft Emmanuel, Kolbergstr. 4–6,
Altötting. ———

Brenne in uns, Heiliger Geist

Und es erschienen ihnen Zungen wie von Feuer, die sich verteilten; auf jeden von ihnen ließ sich eine nieder. Und alle wurden vom Heiligen Geist erfüllt und begannen, in anderen Sprachen zu reden, wie es der Geist ihnen eingab.
Apostelgeschichte 2,3–4 ——

Der Schriftsteller Henri Nouwen versteht geistliches Leben als Hüten des inneren Feuers, das in jedem Menschen brennt. Er meint, viele Menschen seien ausgebrannt, weil sie die Türen ihres Ofens zu sehr nach außen geöffnet haben. Damit kann die Glut nicht in ihnen bleiben. Dann werden sie schnell zu ausgebrannter Asche.

Burnout

Das Ausgebranntsein – Burnout – gehört zu den großen Gefahren der heutigen Zeit. Allzu hohe Maßstäbe unserer Leistungsgesellschaft, fehlende Wertschätzung und Unterstützung zählen zu ihren Ursachen. Diese Krankheit darf nicht bagatellisiert werden, sie kann nicht so nebenbei geheilt werden, sondern bedarf vieler kleiner Schritte vom Dunkel ins Helle, von der kleinen Flamme zur beständigen Glut. Der wachsame Blick auf das innere Feuer kann helfen, das Innere wichtiger zu nehmen als das Äußere und sein Inneres zu stärken.

Wer das innere Feuer vernachlässigt, verbannt den Heiligen Geist in die Zugluft und unterliegt der Gefahr, oberflächlich zu werden. Wo das passiert, erlischt die Glut der Liebe zu Gott und zu den Menschen. Der Aufruf des heiligen Paulus ist heute nicht weniger aktuell als damals: *Löscht den Geist nicht aus!* (1. Thessalonicherbrief 5,19) Ein Stoßgebet zum Heiligen Geist ist wie eine Flamme, die zum Himmel aufsteigt.

Der Heilige Geist als Feuer

Es ist beruhigend, dass das Feuer des Heiligen Geistes in jedem Menschen brennen will. Der Heilige Geist macht nicht halt vor einer gewissen Altersgruppe, vor bestimmten Berufen oder Gesellschaftsschichten. Er hat keine Angst, sich die Finger zu verbrennen. Er will kein Strohfeuer, sondern ein beständiges Feuer entzünden, das die Gemeinschaft stärkt.

Kein Mensch kann für sich allein die Flamme der Begeisterung und Solidarität am Leben halten, wir benötigen dazu die anderen. Es ist sinnvoller, mit Durchschnittsmenschen und einer fehlerhaften Kirche das Feuer des Lebens aufrecht zu erhalten, als sich bei Enttäuschungen sofort zurückzuziehen. Einzelkämpfer werden oft besserwisserisch und hart. „In der Kirche geht es nicht darum, Asche zu hüten, sondern lebendiges Feuer weiter zu tragen." (Papst Johannes XXIII.)

Brennen und Reinigung

Feuer bringt Licht, Feuer schenkt Wärme und reinigt. „Komm, Heiliger Geist, erfülle die Herzen deiner Gläubigen und entzünde in ihnen das Feuer deiner Liebe." Dieser Ruf wird in der Kirche in den Tagen rings um Pfingsten bei vielen Gottesdiensten gebetet. Wie wäre es, ihn das ganze Jahr über zu verwenden. Das Feuer der Liebe möge mithelfen, dass es warm wird in unseren Herzen und all das aufgelöst und verbrannt wird, was unser Miteinander vergiftet: Vorurteile, Verbitterung, innere Kälte, Angst, Neid.

So wie ich dieses Feuer entzünde, Herr,
entzünde in meinem Herzen eine Flamme der Liebe.
Liebe, um mein Haus zu erwärmen.
Und alle, die mir teuer sind.

Liebe, um meine Nachbarn und diese Gemeinde
aufzuheitern.
Liebe, um meine Freunde und Feinde zu trösten.
Liebe, um den Weg zu erhellen, den ich gehe.
Irischer Segenswunsch ——

Tröste uns, Heiliger Geist

*Erschaffe mir, Gott, ein reines Herz und einen festen Geist
erneuere in meinem Innern! Verwirf mich nicht vor deinem
Angesicht, deinen heiligen Geist nimm nicht von mir! Gib
mir wieder die Freude deines Heils, rüste mich aus mit dem
Geist der Großmut!*

Psalm 51,12–14 ——

Schmerz, Verletzungen, Verbitterung und Angst sitzen oft
ganz tief in uns drinnen. Sie sind eingeschrieben in unsere Lebensgeschichte und prägen unser Denken und Fühlen
gerade dann, wenn wir es nicht wünschen oder erwarten.
Wenn wir den Heiligen Geist um Trost bitten, dann erwarten wir keinen billigen oder schnellen Trost, wohl aber, dass
dieser in die Tiefe unserer Gefühle eindringt und in unser
Innerstes leuchtet, um unsere Zerrissenheit zu verwandeln.

Bevor ich bei der Krankensalbung die Stirn und die
Hände der Kranken salbe, nehme ich das heilige Öl in die
Hände und spreche folgendes Gebet:

*Sei gepriesen, Gott, allmächtiger Vater: Für uns und zu
unserem Heil hast du deinen Sohn in diese Welt gesandt. Wir
loben dich. Wir preisen dich.*

*Sei gepriesen, Gott, eingeborener Sohn: Du bist in die
Niedrigkeit unseres Menschenlebens gekommen, um unsere
Krankheiten zu heilen. Wir loben dich. Wir preisen dich.*

*Sei gepriesen, Gott, Heiliger Geist, du unser Beistand:
Du gibst uns Kraft und stärkst uns in den Gebrechlichkeiten
unseres Leibes. Wir loben dich. Wir preisen dich.*

*Herr, schenke deinen Dienerinnen und Dienern, die mit
diesem heiligen Öl in der Kraft des Glaubens gesalbt werden,
Linderung ihrer Schmerzen und stärke sie in ihrer Schwäche.
Durch Christus, unseren Herrn.*

Es ist hilfreich und stärkend, in Krankheit und Leid diesen Lobpreis zum dreifaltigen Gott zu sprechen. Es ist entlastend, die „Niedrigkeit des Menschenlebens" und die „Gebrechlichkeiten unseres Leibes" direkt anzusprechen, ohne daran zu zerbrechen.

In diesem Gebet zum dreifaltigen Gott ist der Heilige Geist nicht nur jemand, über den wir reden, sondern ein Du, das als Beistand neben, vor und hinter mir ist und mir jederzeit beisteht.

Der Heilige Geist als Beistand

Wo suchen Sie und Ihre Mitmenschen Halt und Trost? Der Heilige Geist unterscheidet sich elementar vom Alkohol, der manchmal als schneller Tröster herangezogen wird. Der Geist Gottes fördert meine Talente, er macht mich stark und führt mich trotz meiner Schwächen zu meiner Mitte. Alkohol hingegen macht mich kaputt. Ich bin nicht mehr Herr meines Hauses.

Beim letzten Abendmahl hinterlässt uns Jesus als Testament folgende Zusage: *Und ich werde den Vater bitten und er wird euch einen anderen Beistand geben, der für immer bei euch bleiben soll. Der Beistand aber, der Heilige Geist, den der Vater in meinem Namen senden wird, der wird euch alles lehren und euch an alles erinnern, was ich euch gesagt habe.* (Johannes 14,16.26)

Gerade in Angst und Schwachheit ist es hilfreich, einen göttlichen Beistand an meiner Seite zu wissen. Es tut gut, jemanden zu haben, der uns kennt und uns in unserer Schwäche nicht bloßstellt, sondern uns bei der Hand nimmt. Wer um den Heiligen Geist betet, bittet um diesen Beistand und muss sich nicht um sich selbst drehen. *So nimmt sich auch der Geist Gottes unserer Schwachheit an. Denn wir wissen nicht, was wir in rechter Weise beten sol-*

len; der Geist selber tritt jedoch für uns ein mit unaussprech-
lichen Seufzern. (Römerbrief 8,26)

> *Bei jedem Gefühl der Verlassenheit begleite mich,*
> *du Heiliger Geist.*
> *Bei jedem Gefühl der Schwäche stärke mich,*
> *du Heiliger Geist.*
> *Bei jedem Gefühl der Schmerzen heile mich,*
> *du Heiliger Geist.*
> *Bei jedem Gefühl der Trauer tröste mich,*
> *du Heiliger Geist.*
> *Und bei jedem Gefühl der Freude freue dich mit mir,*
> *du Heiliger Geist Gottes.*
> Originaltext „Durch deinen Heiligen Geist"
> von Sylke-Maria Pohl (†); gekürzt und leicht
> verändert durch den Autor ———

Stärke unsere Gemeinschaft, Heiliger Geist

Das alles bewirkt ein und derselbe Geist;
einem jeden teilt er seine besondere Gabe zu,
wie er will.

1. Korintherbrief 12,11 ――――

Ich liebe es, in Städten und Dörfern große Bauwerke zu besichtigen. Manche Kunstwerke sind mehr als tausend Jahre alt und stehen mit ihrer Pracht immer noch ganz selbstverständlich da. Diese Bauwerke wurden von großen Baumeistern geschaffen, sie bestehen aus hochwertigem Material, aber nicht nur das. Zwischen den Steinen oder Ziegeln ist ein Stoff, den man von außen oft gar nicht sieht: der Zement. Ohne dieses Bindemittel würde den Bauwerken der Zusammenhalt fehlen, die Bauwerke wären schon längst eingestürzt.

Heiliger Geist als Zement

Ich möchte den Zement der Bauwerke mit dem Heiligen Geist vergleichen. Beide – der Heilige Geist und der Zement – sorgen als Bindemittel für den Zusammenhalt der einzelnen Teile. Beide sind unentbehrlich für den Aufbau, drängen sich selbst aber nicht in den Mittelpunkt.

Wir Menschen brauchen den Zement des Heiligen Geistes, damit wir nicht in Gefahr laufen, eine Ansammlung von einzelnen Steinen zu werden, die für sich alleine bestehen und das stützende Miteinander nicht kennen. Wir brauchen den Geist Gottes als Zement, damit wir als Gemeinschaften und als Kirche ein Gesamtbauwerk ergeben, in dem viele Menschen Halt und Heimat finden.

Heiliger Geist und der Leib der Kirche

Im Korintherbrief vergleicht Paulus die Kirche mit einem Leib, der viele Glieder hat und dessen Haupt Jesus Christus ist. Der Geist Gottes spielt für den Leib der Kirche auch eine wichtige Rolle: *Das alles bewirkt ein und derselbe Geist; einem jeden teilt er seine besondere Gabe zu, wie er will.* (1. Korintherbrief 12,11) Im Bild des Leibes lässt sich der Geist Gottes mit dem Atem vergleichen. Ohne Atem wird jeder Leib sofort schwach und stirbt.

Für Paulus sind die Verbindungen der Kirche zum Geist Gottes und zu Jesus nicht nur theologische Spekulationen, sondern haben handfeste Konsequenzen: Erst der Geist ermöglicht das Miteinander der Menschen. *Durch den einen Geist wurden wir in der Taufe alle in einen einzigen Leib aufgenommen, Juden und Griechen, Sklaven und Freie; und alle wurden wir mit dem einen Geist getränkt.* (1. Korintherbrief 12,13) In einer christlichen Gemeinschaft geht es demnach nicht nur um einen Zusammenschluss von Gleichgesinnten, sondern um viel mehr. Aus Menschen mit verschiedener Herkunft und Bildung entsteht ein Leib, in dem einer den anderen ergänzt und in dem es kein Gegeneinander der Glieder gibt. „Ist das realistisch?", fragen viele Menschen zu Recht. Der Realist Paulus sagt „ja", aber nicht deswegen, weil die Christen bessere Menschen sind, sondern durch das Wirken Jesu und des Heiligen Geistes. Ohne Christus wird die Kirche kopflos und ohne den Heiligen Geist atemlos. „Ohne den Heiligen Geist ist Gott fern, bleibt Christus in der Vergangenheit, ist das Evangelium ein toter Buchstabe, die Kirche ein bloßer Verein, die Autorität eine Herrschaftsform, die Mission Propaganda, die Liturgie eine Geisterbeschwörung und das christliche Leben eine Sklavenmoral", sagt schon Athenagoras von Athen im 2. Jahrhundert.

Fähigkeiten des Heiligen Geistes

Der Heilige Geist hat viele Fähigkeiten, er schenkt die sieben Gaben und lässt daraus gute Früchte wachsen. Wunderbar, wenn er viele Chancen bekommt und in unseren Gemeinschaften für echte Begeisterung sorgt.

Ich glaube, dass er meine Vorurteile abbauen kann.
Ich glaube, dass er meine Gewohnheiten ändern kann.
Ich glaube, dass er meine Gleichgültigkeit
überwinden kann.
Ich glaube, dass er mir Phantasie zur Liebe
geben kann.
Ich glaube, dass er mir Warnung vor dem Bösen
geben kann.
Ich glaube, dass er mir Mut für das Gute geben kann.
Ich glaube, dass er meine Traurigkeit besiegen kann.
Ich glaube, dass er mir Liebe zu Gottes Wort geben kann.
Ich glaube, dass er mir Minderwertigkeitsgefühle
nehmen kann.
Ich glaube, dass er mir Kraft in meinem Leiden
geben kann.
Ich glaube, dass er mir wichtige Menschen
an die Seite geben kann.
Ich glaube, dass er mein Wesen durchdringen kann.
Karl Rahner zugeschrieben ———

4. Biblische Gebete in der heiligen Messe

Bei der heiligen Messe beten wir nicht allein, sondern gemeinsam mit anderen Menschen. Wir stehen in einer langen Gebetstradition mit Millionen von Menschen und wissen uns besonders am Sonntag vernetzt mit Gläubigen auf dem ganzen Erdenrund. Die heilige Messe ist Quelle und Höhepunkt des ganzen christlichen Lebens (Zweites Vatikanisches Konzil).

Die heilige Messe enthält Gebetsmöglichkeiten für Leib und Seele. All unsere Sinne sollen angesprochen werden durch:

- gesprochene Worte
- Singen und Musizieren
- Schweigen
- Körperhaltungen wie Stehen, Sitzen, Knien
- Weihrauch, der zum Himmel aufsteigt
- Licht der Kerzen, besonders der Osterkerze
- Kirchenschmuck
- Kunstdarstellungen im Kirchenraum

Die Anregung, bei der heiligen Messe jeweils einen Teil besonders aufmerksam zu feiern, hilft, in falsche Routine oder Unachtsamkeit zu kommen.

Viele Gebete der heiligen Messe gehen auf die Bibel zurück. So soll ein Blick in die Heilige Schrift helfen, diese Gebete neu und intensiver zu beten.

Die Gnade Jesu Christi, die Liebe Gottes des Vaters und die Gemeinschaft des Heiligen Geistes sei mit euch

In jedem guten Buch und Theaterstück liegt dem ersten Satz ein Zauber inne. Er baut Spannung und Erwartung auf. Auch am Beginn der heiligen Messe geben das Kreuzzeichen und der Anfangsgruß ganz gezielt vor, was jetzt kommen wird. Diese markieren wie ein Plus vor Zahlen, dass jetzt nicht menschliche Höchstleistungen zählen, sondern die geschenkte Verbindung mit und in Gott neue Türen öffnen will.

Die Gnade des Herrn Jesus Christus, die Liebe Gottes und die Gemeinschaft des Heiligen Geistes sei mit euch allen!
2. Korintherbrief 13,13 ——

Diese Worte gehen auf den Anfang oder Abschluss vieler Paulusbriefe zurück. Für Paulus ist wichtig, dass er seine Briefe als von Gott beauftragter Apostel schreibt, der die befreiende Botschaft Gottes in der ganzen Welt verbreiten will. Auch der Priester feiert die heilige Messe nicht als Privatperson, sondern als Beauftragter und Gesandter Gottes.

Nicht allein Jesus, nicht allein der Vater, nicht allein der Heilige Geist sind Gastgeber der heiligen Messe, sondern der dreifaltige Gott. Das Kreuzeichen und der Anfangsgruß betonen dies.

Gnade Jesu Christi

Beim sogenannten Apostelkonzil in Jerusalem (ca. 50 n. Chr.) erhebt Petrus die Stimme und bezeugt: *Wir glauben, durch die Gnade Jesu, des Herrn, gerettet zu werden.* (Apostelgeschichte 15,11) Das Wort Gnade kommt in unserer

Alltagssprache selten vor. Es lässt sich wohl am besten mit Geschenk übersetzen. Jesus macht sich selbst zum Geschenk für die Menschheit. Im Letzten ist alles Gnade, wie Martin Luther mehrfach erkannt hat. „Geh unter der Gnade", singen viele Menschen voll Dankbarkeit. Schön, dass damit nicht irgendeine Gnade gemeint ist, sondern die Gnade Jesu, der in dieser Welt eine unverwechselbare Spur gelegt hat und Türen öffnet, die sonst verschlossen blieben. Im letzten Vers der Bibel wird dies nochmals unterstrichen: *Die Gnade des Herrn Jesus sei mit allen!* (Offenbarung 22,21)

Liebe des Vaters

Wir können deshalb lieben, weil wir geliebt sind. Wahre Liebe beginnt nicht bei mir selbst, sondern wurde als Vertrauensvorschuss geschenkt. Der größte Liebhaber von uns Menschen ist Gott selbst. Er hat uns Jesus gesandt, damit diese Liebe greifbar und sichtbar wird. Ich darf sie weiterschenken und christlich befreit nach dem Motto leben: „Ich handle an dir, so wie Gott an mir!"

Gemeinschaft des Heiligen Geistes

Gemeinschaft und Beziehung sind für Christinnen und Christen ohne den dreifaltigen Gott nicht möglich. Der dreifaltige Gott ist Garant und Abbild von wahrer Gemeinschaft und von tiefer Verbindung. Der Heilige Geist bewegt, feuert an und macht mutig.

Tagesgebet bei der heiligen Messe

Herr, unser Gott, komm unserem Beten und Arbeiten mit deiner Gnade zuvor und begleite es, damit alles, was wir beginnen, bei dir seinen Anfang nehme und durch dich vollendet werde.

Herr, erbarme dich

*Sie kamen nach Jericho. Als er mit seinen Jüngern und einer
großen Menschenmenge Jericho wieder verließ, saß am Weg
ein blinder Bettler, Bartimäus, der Sohn des Timäus. Sobald
er hörte, dass es Jesus von Nazaret war, rief er laut: Sohn
Davids, Jesus, hab Erbarmen mit mir! Viele befahlen ihm
zu schweigen. Er aber schrie noch viel lauter: Sohn Davids,
hab Erbarmen mit mir! Jesus blieb stehen und sagte: Ruft
ihn her! Sie riefen den Blinden und sagten zu ihm: Hab nur
Mut, steh auf, er ruft dich. Da warf er seinen Mantel weg,
sprang auf und lief auf Jesus zu. Und Jesus fragte ihn: Was
willst du, dass ich dir tue? Der Blinde antwortete: Rabbuni,
ich möchte sehen können. Da sagte Jesus zu ihm: Geh! Dein
Glaube hat dich gerettet. Im gleichen Augenblick konnte er
sehen, und er folgte Jesus auf seinem Weg nach.*
Markus 10,46–52 ⸺

Wenn römische Herrscher durch ihre Lande zogen, wurden sie in den Städten mit „Kyrie eleison" begrüßt. Bei
Empfängen im Palast des Herrschers geschah Ähnliches:
Die Gäste wurden zum Herrscher geführt, sie mussten sich
verneigen und mit „Kyrie eleison" ihre Demut und Situation als Bittsteller zum Ausdruck bringen.

Auch am Beginn der heiligen Messe geschieht das Hintreten zu einem Herrn, nämlich dem Herrn der Welt. Die
Vorzeichen sind Gott sei Dank ganz anders. Jetzt geht es
nicht um Angst und Ausgeliefertsein, sondern um die
Freude und das Vertrauen, Jesus zu begegnen.

Schritte der Verwandlung

Ein Blick auf die Begegnung zwischen dem blinden Bartimäus und Jesus kann uns mehrfach ermutigen, das *Kyrie*

eleison zu beten. Wunderbar, wenn uns dabei wie dem Bartimäus die Augen aufgehen und wir bei der heiligen Messe verwandelt werden. Klar, all das können wir nicht erzwingen oder verdienen, es wird uns geschenkt. Die einzelnen Schritte im Bibeltext helfen uns, das Herz zu öffnen und uns verwandeln zu lassen.

- Bartimäus hat einen Namen und gehört nicht zu den vielen Namenlosen. Auch bei der heiligen Messe komme ich nicht als anonyme Person, sondern mit meinem Namen und mit meiner Lebensgeschichte zu Gott.

- Bartimäus meldet sich lautstark zu Wort: *Sohn Davids, hab Erbarmen mit mir.* Gott will, dass wir unsere Anliegen aussprechen und im Zweifelsfall wie Bartimäus sogar mehrfach unsere Stimme erheben. Gleichgültigkeit oder die Haltung, dass alles keinen Sinn hat, sind nicht im Sinne Gottes. Bei der heiligen Messe versperren sie sogar die Begegnung und die Chance zur Verwandlung.

- In Jericho leben Menschen, die Bartimäus mundtot machen wollen. Realistisch gerechnet kommt diese Ablehnung auch heute in meinem Dorf oder meiner Stadt, in meiner unmittelbaren Umgebung, ja sogar innerhalb der Gottesdienstgemeinschaft vor. Wir sind nicht nur von aufmerksamen und liebenswerten Menschen umgeben. Jesus kommt trotzdem und gerade deswegen auch in unser Jericho.

- Jesus hört das Rufen des Bartimäus und bleibt stehen. Er scheint im Wirrwarr der vielen Stimmen offen zu sein für den ehrlichen Hilferuf eines einzelnen Menschen. Ist das auch bei der heiligen Messe möglich?

- Jene Menschen, die den blinden Bartimäus zunächst zum Schweigen vergattern wollten, ändern ihr Verhalten und Reden: *Hab nur Mut, steh auf, er ruft dich.*

Ich träume davon, dass durch die intensive Feier der
heiligen Messe aus Menschen, die schimpfen und aus-
schließen, solche werden, die andere ermutigen und
ihnen helfen. Ist Wandlung auch bei jenen möglich,
bei denen wir es nicht erwarten? Ist Wandlung sogar
bei mir möglich?

- Bartimäus wirft noch als Blinder seinen Mantel weg
und läuft auf Jesus zu. So handelt kein vorsichtiger
Blinder. Sein Vertrauen in Jesus ermutigt uns, die heilige Messe mit Vertrauen zu feiern.

- Jesus fragt den blinden Bartimäus ausdrücklich: *Was
willst du, dass ich dir tue?* Beim Kyrie kommen wir
nicht zitternd zu Gott oder mit der Angst, dass wir
jetzt erniedrigt oder hinausgeworfen werden. Es geht
nicht um das Aufzählen meiner vielen Sünden, sondern um das Wissen, dass ich demütig und vertrauensvoll zum Herrn Jesus Christus hintreten darf. Er
fragt mich dann sogar nach meinen Wünschen.

- Jesus heilt die Blindheit des Bartimäus und lobt seinen Glauben. Heilung scheint nicht nur ein Wunder
von oben zu sein, sondern hat viel mit meiner inneren Einstellung, mit meinem Vertrauen und meinem
Glauben zu tun. *Geh! Dein Glaube hat dich gerettet.*

- Bartimäus darf mit Jesus mitgehen und ihn auf dem
Weg nach Jerusalem begleiten. Nach der heiligen
Messe folgen wir Jesus auf seinem Weg. „Ite, missa est!
– Geht, ihr seid gesandt!"

Gott,
darf ich zu dir kommen, so wie ich bin,
und dir alles sagen, was mich belastet und freut,
sogar das, was mir selbst peinlich ist?
Kyrie eleison.

Gott,
der blinde Bartimäus ermutigt mich,
mich zu Wort zu melden
und dir ganz zu vertrauen.
Kyrie eleison.

Gott,
du siehst mich mit deinen barmherzigen Augen,
du kannst wandeln und verwandeln.
Kyrie eleison.

Ehre sei Gott in der Höhe

Und plötzlich war bei dem Engel ein großes himmlisches Heer, das Gott lobte und sprach: Ehre sei Gott in der Höhe und Friede auf Erden den Menschen seines Wohlgefallens.
Lukas 2,13–14 ——

Um Gott zu loben erscheint bei der Geburt Jesu nicht nur ein Engel, sondern ein großes himmlisches Heer. Das Staunen über die Menschwerdung Gottes beginnt mit einer Wellenbewegung vom Himmel zur Erde und lässt sich auf der Erde nicht mehr stoppen. Die zunächst fassungslosen Hirten loben Gott, nachdem sie das neugeborene Kind gesehen haben. Der frohe Lobpreis erschallt beim öffentlichen Wirken Jesu nach vielen Heilungswundern weiter und erklingt bis zu seinem Einzug in Jerusalem. Kurz vor dem Tod Jesu werden die Jünger Jesu mit ähnlichen Worten wie die Engel von Betlehem nochmals voll Freude ihre Stimme erheben: *Gesegnet sei der König, der kommt im Namen des Herrn. Im Himmel Friede und Ehre in der Höhe.* (Lukas 19,38) Dieser Lobpreis darf nicht mehr verstummen. Er soll unsere Täler erfüllen und auch die Straßen der Städte, er soll hineindringen in unsere Häuser und Kirchen und ganz besonders in unsere Herzen.

Der Gloriaruf, der meist als Lied gesungen wird, ist bewusst an Gott gerichtet. Er hat eine klare Adresse und ist dadurch viel mehr als ein allgemeines Loben und Preisen oder die Betonung, dass ich mich freue. Wenn wir bei der heiligen Messe das Gloria aufgreifen, dürfen wir uns von den Engeln Betlehems anstecken lassen und werden ein Teil der freudigen Wellenbewegung im Himmel und auf Erden. Selbstverständlich, dass wir dann in allen Bereichen unseres Lebens zu lobenden, dankenden und staunenden Menschen werden.

Ehre sei Gott in der Höhe. Wer Gott die Ehre gibt und sich dankbar und bescheiden vor Gott verneigt, der braucht sich nicht ständig wie ein eifersüchtiger Hahn aufzublähen. Er oder sie muss nicht dauernd mit der Sorge leben: „Bin ich wohl besser als die anderen? Bin ich der Beste, die Schönste, die Klügste und der Erfolgreichste?" Wer sich vor Gott verneigt und seine Größe feiern kann, hat keine Angst vor den Menschen.

Friede auf Erden den Menschen seines Wohlgefallens. Mit dem ersten Weihnachten hat Gott ein absolutes Friedensangebot an die Menschheit gerichtet. Jesus setzt sich für den Frieden auf Erden ein, mit Haut und Haaren, gewaltfrei und selbst auf das Risiko hin, von der Krippe zum Kreuz zu wandern.

Ich lobe meinen Gott

Ich lobe meinen Gott, der aus der Tiefe mich holt,
damit ich lebe.
Ich lobe meinen Gott, der mir die Fesseln löst,
damit ich frei bin.
Ehre sei Gott auf der Erde in allen Straßen und Häusern,
die Menschen werden singen,
bis das Lied zum Himmel steigt:
Ehre sei Gott und den Menschen Frieden,
Frieden auf Erden.

Ich lobe meinen Gott, der mir den neuen Weg weist,
damit ich handle.
Ich lobe meinen Gott, der mir mein Schweigen bricht,
damit ich rede.
Ehre sei Gott auf der Erde in allen Straßen und Häusern,
die Menschen werden singen,

bis das Lied zum Himmel steigt:
Ehre sei Gott und den Menschen Frieden,
Frieden auf Erden.

Ich lobe meinen Gott, der meine Tränen trocknet,
dass ich lache.
Ich lobe meinen Gott, der meine Angst vertreibt,
damit ich atme.
Ehre sei Gott auf der Erde in allen Straßen und Häusern,
die Menschen werden singen,
bis das Lied zum Himmel steigt:
Ehre sei Gott und den Menschen Frieden,
Frieden auf Erden.
Text: Hans-Jürgen Netz, Musik: Christoph Lehmann,
aus: Exodus, 1979. Alle Rechte im tvd-Verlag Düsseldorf ——

Himmlisches Halleluja

*Danach hörte ich etwas wie den lauten Ruf einer großen
Schar im Himmel: Halleluja! Das Heil und die Herrlichkeit
und die Macht ist bei unserm Gott. [...] Noch einmal riefen
sie: Halleluja! Der Rauch der Stadt steigt auf in alle
Ewigkeit. Und die vierundzwanzig Ältesten und die vier
Lebewesen fielen nieder vor Gott, der auf dem Thron sitzt,
beteten ihn an und riefen: Amen, halleluja! Und eine
Stimme kam vom Thron her: Preist unsern Gott, all seine
Knechte und alle, die ihn fürchten, Kleine und Große!
Da hörte ich etwas wie den Ruf einer großen Schar und wie
das Rauschen gewaltiger Wassermassen und wie das Rollen
mächtiger Donner: Halleluja! Denn König geworden ist der
Herr, unser Gott, der Herrscher über die ganze Schöpfung.*

Offenbarung 19,1.3–6 ——

In Lienz erzählte mir eine Frau mit leuchtenden Augen,
dass sie vor Jahren aufgrund eines Hörsturzes im Krankenhaus war. Obwohl sie nach den Behandlungen nicht sofort
hören konnte, ging sie trotzdem in die Krankenhauskapelle
zum Gottesdienst. Der Ablauf der heiligen Messe war ihr
ja vertraut. Und dann geschah das Wunderbare! Beim Hallelujaruf öffneten sich ihre Ohren, die Hörleistung begann
wieder und blieb bis heute. Welche Freude! Welch österli-
ches Aufatmen und Jubilieren! Halleluja!

Beim Hallelujaruf handelt es sich um einen alten liturgischen Ruf, der bereits zur Zeit des Alten Testaments zum
festen Bestandteil des jüdischen Gottesdienstes gehörte. Das
hebräische Wort lässt sich mit „Preist den HERRN" übersetzen. Es bildet die größte aller Lobpreisungen. Kein Wunder,
dass uns der Hallelujaruf am Anfang und am Ende vieler Psalmen (z. B. Psalmen 111–113; 115–117; 146–150) begegnet.

Am Ende des Neuen Testaments schildert die Bibel, wie das Halleluja in feierlichen Worten mehrfach aufgegriffen wird: Eine große Schar beginnt mit dem Hallelujaruf und wiederholt ihn, bald schließen sich die vierundzwanzig Ältesten und die vier Lebewesen an. Eine weitere Gruppe, gewaltige Wassermassen und ein mächtiger Donner greifen das Halleluja auf und tragen es weiter. Tier und Mensch, Engel und Mächte, die ganze Schöpfung stimmen schlussendlich in den Lobpreis Gottes ein. Ein „Singen geht über die Erde", so hat Bischof Reinhold Stecher ihn in seinem gleichnamigen Buch mit österlichen Bildern und Gedanken beschrieben.

Dieser mystische Blick hinter die Kulissen der Welt wirft die Frage auf, ob es im Himmel auch ein Beten und Jubilieren gibt, das die Grenzen dieser Welt für immer überschreitet und weit mehr ist als die Erfahrungen des „Münchners im Himmel" in der humoristischen Satire des Schriftstellers Ludwig Thoma.

Die christlichen Gemeinden übernehmen die große Gebetstradition des jüdischen Volkes, ihr Halleluja wird zum österlichen Ruf schlechthin und erklingt als Echo auf die Auferstehung Jesu. In der heiligen Messe hat es seinen Platz vor dem Evangelium und hilft mit, mit Herz und Stimme das Evangelium feierlich zu begrüßen und aufzunehmen.

Im Wort H-alle-lu-ja stecken die deutschen Worte „alle" und „ja" drinnen. Wie wunderbar! Alle Welt blüht durch die Auferstehung Jesu neu auf. Allen Menschen gilt das Ja Gottes. Alle sind gerufen, mit ihrem Ja einen Beitrag für eine bessere Welt zu leisten. Ein Lächeln und ein gesungenes Halleluja gelten zu Recht als Echo auf Gottes Ja zur Welt. *Halleluja.*

Psalm 150

Halleluja!
Lobt Gott in seinem Heiligtum,
lobt ihn in seiner mächtigen Feste!
Lobt ihn wegen seiner machtvollen Taten,
lobt ihn nach der Fülle seiner Größe!
Lobt ihn mit dem Schall des Widderhorns,
lobt ihn mit Harfe und Leier!
Lobt ihn mit Trommel und Reigentanz,
lobt ihn mit Saiten und Flöte!
Lobt ihn mit tönenden Zimbeln,
lobt ihn mit schallenden Zimbeln!
Alles, was atmet, lobe den HERRN.
Halleluja!

Heilig, heilig, heilig

Im Todesjahr des Königs Usija, da sah ich den Herrn auf einem hohen und erhabenen Thron sitzen und die Säume seines Gewandes füllten den Tempel aus. Serafim standen über ihm. Sechs Flügel hatte jeder: Mit zwei Flügeln bedeckte er sein Gesicht, mit zwei bedeckte er seine Füße und mit zwei flog er. Und einer rief dem anderen zu und sagte: Heilig, heilig, heilig ist der HERR der Heerscharen, erfüllt ist die ganze Erde von seiner Herrlichkeit. Und es erbebten die Türzapfen in den Schwellen vor der Stimme des Rufenden und das Haus füllte sich mit Rauch.

Jesaja 6,1–4 ———

Stellen Sie sich Folgendes vor: Sie haben die Chance, zusammen mit dem Propheten Jesaja nochmals seine göttliche Vision mitzuerleben und zu sehen, zu hören und zu riechen, was sich damals im göttlichen Tempel ereignet hat: Sie sehen, wie Gott, der Herr, auf einem riesigen Thron sitzt und dieser alle menschlichen Maße und Vorstellungen übersteigt. Sie erblicken die Serafim mit ihren jeweils sechs Flügeln. Sie hören das dreimalige Heilig, Heilig, Heilig.

Sie spüren am eigenen Körper, wie die Türzapfen des Tempels zittern und sich der ganze Tempel mit Rauch füllt. Sie erleben, wie Jesaja ergriffen ist, merken sein Erschrecken und sehen, wie seine Lippen mit einer Kohle gereinigt werden und wie er sich freiwillig zum Dienst für den Herrn meldet: *Hier bin ich, sende mich!* (Jesaja 6,8) Ehrfürchtiges Erstaunen (*mysterium tremendum*) und seliges Entzücken (*mysterium fascinosum*) werden gleichzeitig spürbar.

Dreimaliges Heilig

Beim dreimaligen Heilig dürfen wir zusammen mit dem Propheten Jesaja staunend erschrecken und bescheiden vor Gott hintreten. Gott sonnt sich nicht selbstverliebt in seiner Heiligkeit, sondern will, dass diese hineinstrahlt in die Welt und auch uns Menschen ergreift. Deshalb ist die höchste Antwort auf die Heiligkeit Gottes die Bereitschaft, sich wie Jesaja für den Dienst an Gott und den Menschen zur Verfügung zu stellen. *Hier bin ich, sende mich!*

Ich vermute, dass wir alle nach dem Blick hinter die Kulissen das Heilig viel besser verstehen und es bei der heiligen Messe ganz anders beten. Womit kann man das dreimalige Heilig vergleichen?

- Es ist ein würdiges Verneigen vor der Unbegreiflichkeit Gottes.
- Es ist die Begegnung mit dem heiligen Gott, die jede menschliche Vorstellung übersteigt.
- Es ist der Versuch, auf Gottes Herrlichkeit in menschlicher Sprache zu antworten.
- Es ist das älteste Kirchenlied der heiligen Messe.
- Es ist ein Lernen von den himmlischen Scharen.

Mit dem dreimaligen Heilig (qadosch, qadosch, qadosch / agios, agios, agios / sanctus, sanctus, sanctus) wird in der hebräischen, griechischen, lateinischen und deutschen Liturgie ein Höhepunkt gefeiert. Jeder Kirchenraum wird aufgerissen, egal ob es eine gotische Kathedrale, eine barocke Basilika oder ein moderner Kirchenbau ist. Jetzt berühren sich Himmel und Erde.

Im christlichen Beten wurde das dreimalige Heilig mit der Dreifaltigkeit in Verbindung gebracht und zusätzlich mit Psalm 118,26 und dem Hosanna-Ruf ergänzt. *Hosan-*

*na, dem Sohn Davids! Gesegnet sei er, der kommt im Namen
des Herrn. Hosanna in der Höhe!* (Matthäus 21,9) Somit
begrüßen wir beim Heiligruf wie die Leute von Jerusalem
voll Begeisterung Jesus und bitten ihn, dass er jetzt in unsere Stadt und in unser Herz einzieht.

Wer all diese Zusammenhänge beachtet, spürt, dass das
Heiliglied nicht irgendein Lied bei der heiligen Messe ist
oder eine nette Singeinlage darstellt, um die vielen gespro-
chenen Worte aufzufrischen. Es irritiert, wenn jemand bei
diesem heiligen Geschehen teilnahmslos herumsitzt oder
behauptet, diese Gebete und Lieder soll der Pfarrer oder
ein Chor allein beten und singen.

Heilig, heilig, heilig,
Gott, Herr aller Mächte und Gewalten.
Erfüllt sind Himmel und Erde von deiner Herrlichkeit.
Hosanna in der Höhe.
Hochgelobt sei, der da kommt im Namen des Herrn.
Hosanna in der Höhe.

Lamm Gottes

Als es das Buch empfangen hatte, fielen die vier
Lebewesen und die vierundzwanzig Ältesten vor dem
Lamm nieder; alle trugen Harfen und goldene Schalen
voll von Räucherwerk; das sind die Gebete der Heiligen.
Und sie sangen ein neues Lied und sprachen: Würdig bist
du, das Buch zu nehmen und seine Siegel zu öffnen;
denn du wurdest geschlachtet und hast mit deinem Blut
Menschen für Gott erworben aus allen Stämmen und
Sprachen, aus allen Nationen und Völkern, und du hast
sie für unsern Gott zu Königen und Priestern gemacht;
und sie werden auf der Erde herrschen.

Offenbarung 5,8–10 ——

Im Religionsunterricht habe ich Kindern öfters Zeichnungen und Modelle des Tempels von Jerusalem gezeigt: den goldenen Zentralbau mit dem Allerheiligsten; die zahlreichen Hallen und die Räume zum Kaufen der Opfertiere; den großen Opferaltar, auf dem die geschlachteten Tiere verbrannt wurden; das bewusst leer gehaltene Allerheiligste, das die Unbegreiflichkeit Gottes symbolisierte. Einmal hat ein Kind bei der Beschreibung des Tempels gemeint: „Schade, dass es bei der heiligen Messe keine Tieropfer mehr gibt. Das wäre spannend, da wäre endlich was los!"

Ich bin froh, dass wir Christen bei unserer höchsten Feier des Glaubens keine Tiere schlachten und dass die heilige Messe ein unblutiges Opfer ist. Beim blutigen Opfer Jesu am Kreuz ist schon zu viel des Blutes geflossen.

Jesus als Lamm Gottes

Jesu Sterben ist höchstes Zeichen seiner Hingabe, es ist gelebte Liebe und Erleiden aus Liebe. Es zeugt von seiner „Liebe ohne Widerruf" (Bischof Reinhold Stecher) und seiner Bereitschaft zu Gewaltlosigkeit. Jesus war kein schnaubender Stier, kein brüllender Löwe, kein schneller Leopard, auch kein Kuckuck, der seine Eier in fremde Nester legt, sondern ein gewaltfreies, treues Lamm, das schlussendlich zum Schlachten geführt wurde.

Jesus stirbt im Rahmen des Paschafestes. Sein Leiden wird in den vier Evangelien mit dem Schlachten der Paschalämmer in Verbindung gebracht und sein Tod mit den Worten des Propheten Jesaja gedeutet: *Aber er hat unsere Krankheit getragen und unsere Schmerzen auf sich geladen. Wir meinten, er sei von Gott geschlagen, von ihm getroffen und gebeugt. Doch er wurde durchbohrt wegen unserer Vergehen, wegen unserer Sünden zermalmt. Zu unserem Heil lag die Züchtigung auf ihm, durch seine Wunden sind wir geheilt. Wir hatten uns alle verirrt wie Schafe, jeder ging für sich seinen Weg. Doch der HERR ließ auf ihn treffen die Schuld von uns allen. Er wurde bedrängt und misshandelt, aber er tat seinen Mund nicht auf. Wie ein Lamm, das man zum Schlachten führt, und wie ein Schaf vor seinen Scherern verstummt, so tat auch er seinen Mund nicht auf.* (Jesaja 53,4–7)

Das Gebet *Lamm Gottes, du nimmst hinweg die Sünde der Welt* greift mehrere biblische Ereignisse aus dem Leben Jesu auf. Bereits am Beginn des Wirkens Jesu weist Johannes der Täufer mit diesen Worten auf Jesus hin und unterstreicht damit das Ziel seiner Sendung (Johannes 1,29). Jesus ist gekommen, um Versöhnung zu bewirken. In der Offenbarung des Johannes wird uns Jesus als Lamm vorgestellt, das vor dem Thron Gottes und mitten unter den Ältesten und den vier Lebewesen steht. Allein dieses Lamm darf das Buch mit den sieben Siegeln empfangen.

Kein Wunder, dass Jesus in unseren Kirchen als Lamm Gottes dargestellt wird. Der Blick auf diese Darstellungen kann mithelfen, das Leben Jesu zu betrachten. Vielleicht verstehen wir dadurch manches in unserer Welt besser und können mitwirken, dass es mitten unter uns weniger Sündenböcke gibt. Mögen uns diese Darstellungen auch helfen, die heilige Messe inniger und tiefer zu feiern.

Lamm Gottes,
ich schaue auf dich.
Hilf mir, kein brüllender Löwe zu werden.
Nicht lammfromm möchte ich werden,
aber mutig und gewaltfrei wie du.

Lamm Gottes,
mit deiner Hilfe ist es möglich,
nicht ständig Sündenböcke zu suchen
und dadurch anderen meine Lasten aufzulegen.

Lamm Gottes,
du nimmst hinweg die Sünde der Welt.
Ich kann meine Sünden bei dir ablegen
und muss nicht für immer ein schlechtes Gewissen haben.

Herr, ich bin nicht würdig

*Als er nach Kafarnaum kam, trat ein Hauptmann
an ihn heran und bat ihn: Herr, mein Diener liegt
gelähmt zu Hause und hat große Schmerzen.
Jesus sagte zu ihm: Ich will kommen und ihn heilen.
Und der Hauptmann antwortete: Herr, ich bin es
nicht wert, dass du unter mein Dach einkehrst; aber
sprich nur ein Wort, dann wird mein Diener gesund!*
Matthäus 8,5–8 ———

Im Jahr 2017 feierten die evangelischen und katholischen
Christen das Gedenkjahr „500 Jahre Reformation 1517–
2017". Bei diversen Veranstaltungen kam mir der Gedanke,
dass es für Martin Luther und die meisten seiner Zeitgenos-
sen ganz selbstverständlich war, dass es Gott gibt und wir
Menschen mit ihm Kontakt aufnehmen können. Damals
war das große Glaubensthema die Angst vor Gott: Wie
schaffe ich mir einen gnädigen Gott? Kann ich Gott blind
trauen? Bin ich würdig für Gott? Heute stellen sich viele
Menschen ganz andere Fragen: Gibt es Gott? Kann ich mit
Gott überhaupt Kontakt aufnehmen? Wie kann ich beten?

Ich vermute, dass zur Zeit von Martin Luther viele Menschen die Gebetsworte „Herr, ich bin nicht würdig, dass du
eingehst unter mein Dach!" mit vollster Überzeugung ausgesprochen haben. Heute höre ich immer wieder von Menschen, dass sie diese Formulierung stört. Sie wollen nicht
ständig betonen, dass sie fehlerhaft sind. Einige schlagen
vor, das Gebet folgendermaßen umzuändern: „Herr, ich
bin bedürftig, dass du einkehrst unter mein Dach." Dies
drückt aus, dass ich mich nach Jesus sehne und ich mich
freue, wenn er bei mir einkehrt und mein Lebenshaus mit
seinem Geist und neuer Kraft erfüllt.

Römischer Hauptmann

Mit dieser Sehnsucht sind wir ganz nahe beim biblischen Ereignis, aus dessen Bericht die Worte *Herr, ich bin nicht würdig, dass du eingehst unter mein Dach* entnommen sind. Wir hören dort von einem römischen Hauptmann, der als Nichtjude ein großer Förderer der örtlichen jüdischen Synagoge ist. Er schätzt seinen Knecht und will für diesen das Beste. Entschieden sucht er die Nähe Jesu, vertraut auf seine helfende und heilende Macht und bittet für den kranken Jungen. Der Hauptmann würde nie fordern, dass Jesus in sein Haus kommt. Als gebildeter Mensch weiß er, dass dies den jüdischen Gebräuchen völlig widerspricht. Der Hauptmann weiß um die eigenen Grenzen und zeigt gleichzeitig tiefes Vertrauen.

Diese Spannung darf auch unseren Zugang zur heiligen Messe prägen. Sie drückt sich bei der heiligen Messe auch beim anschließenden Friedensgebet aus: „Der Herr hat zu seinen Aposteln gesagt: Frieden hinterlasse ich euch, meinen Frieden gebe ich euch. Deshalb bitten wir: Herr Jesus Christus, schau nicht auf unsere Sünden, sondern auf den Glauben deiner Kirche und schenke ihr nach deinem Willen Einheit und Frieden." Hier bitten wir, dass Jesus unsere Sünden nicht akribisch mit einer Lupe sucht, sondern vielmehr auf das Bemühen der Gesamtkirche schaut. Das ist gut und richtig so, aber trotzdem bin ich mir sicher, dass es heilsam und wichtig ist, dass Jesus auf unsere Sünden schaut. Nur dann kann er sie heilen und verwandeln. Wenn er nur wegschauen würde, dann ändert sich nichts. Deshalb drehe ich für mich manchmal das Gebet um und bete: „Herr, schau auf unsere Sünden und nicht auf den Glauben deiner Kirche! Schau, dass unsere Sünden verschwinden."

Herr, ich bin bedürftig, dass du einkehrst.

Amen

So spricht Er, der Amen heißt, der treue und
zuverlässige Zeuge, der Anfang der Schöpfung Gottes.

Offenbarung 3,14 ——

Wer bei der heiligen Messe alle Gebete aufmerksam mit-
betet, spricht das „Amen" elfmal in Gemeinschaft mit den
anderen. Einmal sagen wir es allein, wenn wir beim Emp-
fang der heiligen Kommunion damit die Worte „Der Leib
Christi" bestätigen. Amen ist immer eine Antwort.

Wer Amen sagt, bezeugt Anerkennung und Hochach-
tung für das Gesagte.

Wörtlich übersetzt bedeutet dieses hebräische Wort
„fest" oder „zuverlässig". Ich bin einverstanden und will,
dass es so ist. Gott kann mit mir rechnen. Ich sage nicht
nur „Ja und Amen", sondern setze dafür auch meine Talente und Fähigkeiten ein. Ich bin kein Fähnchen im Wind,
sondern jemand, auf den man sich verlassen kann. Amen
bedeutet viel mehr als „okay" oder „Ich habe nichts dagegen". Wer bewusst Amen sagt, drückt ein klares Ja aus und
kein „Vielleicht" oder „wir werden sehen". Amen ist viel
mehr als eine schnelles „like" auf facebook.

Im Alten Testament finden wir das Amen wiederholt
am Ende eines Lobpreises oder einer Bitte. Psalmen enden
mit diesem Wort und bestätigen damit abschließend nochmals das ganze Gebet. Auch Jesus hat wichtige Aussagen
mit Amen unterstrichen. *Amen, amen, ich sage euch: Ihr*
werdet den Himmel geöffnet und die Engel Gottes auf- und
niedersteigen sehen über dem Menschensohn. (Johannes
1,51) Hier kommt Gewissheit, aber auch seine Macht und
Würde zum Ausdruck. Alle sollen wissen, was Jesus sagt
und wer er ist.

Jesus als Amen Gottes

Paulus geht noch einen Schritt weiter und bezeichnet Jesus selber als das Amen Gottes. *Denn er ist das Ja zu allem, was Gott verheißen hat. Dadurch ergeht auch durch ihn das Amen zu Gottes Lobpreis, vermittelt durch uns.* (2. Korintherbrief 1,20) Jesus ist das Ja Gottes, er ist die Erfüllung aller Verheißungen. Kein Wunder, dass die Bibel im letzten Vers folgendermaßen zum goldenen Abschluss kommt: *Er, der dies bezeugt, spricht: Ja, ich komme bald. – Amen. Komm, Herr Jesus! Die Gnade des Herrn Jesus sei mit allen!* (Offenbarung 22,20–21)

> *Gott,*
> *ich sage Amen und will, dass es so ist.*
> *Ich sage Amen und setze mich ein,*
> *dass es Wirklichkeit wird.*
> *Gott, du kannst dich auf mich verlassen.*
> *Gott, danke, dass du in Jesus das größte Amen sprichst.*

Segne uns

Der HERR sprach zu Mose: Sag zu Aaron und seinen Söh-
nen: So sollt ihr die Israeliten segnen; sprecht zu ihnen:
Der HERR segne dich und behüte dich. Der HERR lasse sein
Angesicht über dich leuchten und sei dir gnädig. Der HERR
wende sein Angesicht dir zu und schenke dir Frieden.
Numeri 6,22–26 ——

Segnen zieht sich wie ein roter Faden durch die ganze
Bibel. Gott beginnt mit seinem Segen bei der Erschaffung
der Welt und beauftragt uns Menschen, ein Segen zu sein.
Abraham bekommt diese Aufgabe in besonderer Weise. *Durch dich sollen alle Sippen der Erde Segen erlangen.*
(Genesis 12,3) Bevor Jesus in den Himmel auffährt, segnet
er nochmals seine Jünger: *Dann führte er sie hinaus in die*
Nähe von Betanien. Dort erhob er seine Hände und segnete
sie. (Lukas 24,50) Dieser Segen gilt der ganzen Menschheit
und der ganzen Welt.

Segen Aarons

Eines der stärksten Segensgebete wird Aaron, dem Bruder
des Mose, anvertraut. Mit diesem Gebetswunsch gelingt
es auch uns, Wort für Wort und Tag für Tag ein segnen-
der Mensch zu werden. Er hilft in frohen und in schweren
Stunden, fördert den Kontakt zu den Menschen und lässt
mich leben und lieben unter den Augen Gottes.

HERR

Im Judentum wird der Name Jahwe nicht ausgesprochen,
aus Achtung, aus Ehrfurcht, auch um das Unbegreifliche
Gottes zum Ausdruck zu bringen. Im Segen Aarons wird
dreifach betont, dass dieser unbegreifliche Gott die Quel-

le des Segens ist. Der Segen kommt nicht von Steinen, Bäumen, irgendwelchen Zaubertricks oder Beschwörungen, sondern nur von Gott. Nicht der Mensch verfügt über Segenskraft, sondern einzig und allein Gott.

Und behüte dich
Bei vielen Segenshandlungen legen wir die Hand auf den Kopf eines Menschen. Ohne Worte verstehen wir, dass dies Schutz und Geborgenheit bedeutet und die Bitte enthält, Gefahren abzuwehren.

Der HERR lasse sein Angesicht über dich leuchten
Was für eine Wohltat, wenn es mir gelingt, jemandem ins Angesicht zu schauen und ehrlich von Angesicht zu Angesicht miteinander zu reden! Heilsam, wenn ich ein leuchtendes Angesicht habe im Gegensatz zu einem finster dreinblickenden Gesicht! Der Segen Aarons bietet noch eine Steigerung: Gott möge dich nicht nur anblicken, sondern bewirken, dass du andere Menschen anstrahlst. Bei einem Blick in Kinderaugen können wir manchmal erahnen, was damit gemeint ist.

Und sei dir gnädig
Kein Mensch kann behaupten, dass er keine Fehler gemacht hat und keine machen wird. Das wäre naiv und hochnäsig. Wir erleben alle, dass unsere Vorsätze ihre Grenzen haben und so manche schon gebrochen werden, bevor wir mit der Umsetzung beginnen. Es tut uns gut, immer wieder im Segensgebet zu hören, dass es Versöhnung gibt. Wer keine Verzeihung annimmt und niemandem verzeiht, ist ein armer Mensch.

Und schenke dir Heil

Heil ist eine der vielen möglichen Übersetzungen des hebräischen Wortes Schalom. Dieses kann auch Friede, Gesundheit oder Wohlstand bedeuten. Schalom ist viel mehr, als keinen Krieg oder keinen Streit zu erleben. Schalom meint den Zustand höchster Vollkommenheit, in dem alle unsere Hoffnungen und Wünsche erfüllt sind und wir „Leben in Fülle" (Johannes 10,10) erfahren.

Impuls

Ich habe ein schönes Gefäß mit Weihwasser bei der Haustür und bitte damit ganz besonders um den Segen für …

5. Stoßgebete
entlang des Tages

Fast täglich stößt mir etwas zu, meistens etwas Unerwartetes und Erfreuliches, manchmal auch Lähmendes und Erschreckendes. Ich spüre dabei die Freude am Leben und stoße manchmal auch an meine Grenzen.

Viele Menschen richten in solchen Situationen ein Stoßgebet an Gott. Sie sagen einfach Danke oder richten einen Hilferuf zum Himmel. Die Kultur der kleinen Gebete zwischendurch hilft, Erfahrungen des Alltags mit unserem christlichen Glauben zu verbinden und bewusster, dankbarer und aufmerksamer zu leben. Sie gibt Kraft und Weite.

Der Apostel Paulus rät im Brief, den er an die Gemeinde von Thessalonich schreibt: *Freut euch zu jeder Zeit! Betet ohne Unterlass! Dankt für alles; denn das ist der Wille Gottes für euch in Christus Jesus. Löscht den Geist nicht aus! Verachtet prophetisches Reden nicht! Prüft alles und behaltet das Gute! Meidet das Böse in jeder Gestalt!* (1. Thessalonicherbrief 5,16–22)

Diese Anregung bedeutet nicht, dass wir vierundzwanzig Stunden nichts Anderes tun sollen als beten, wohl aber, dass es keine Stunde des Tages gibt, die sich nicht mit einem Gebet verbinden lässt. Probieren Sie es einfach, einzelne Begegnungen und Handlungen mit einem Gebet zu beginnen oder abzuschließen!

Im Namen des Vaters, des Sohnes und des Heiligen Geistes

Darum geht und macht alle Völker zu meinen Jüngern;
tauft sie auf den Namen des Vaters und des Sohnes
und des Heiligen Geistes und lehrt sie, alles zu befolgen,
was ich euch geboten habe. Und siehe, ich bin mit
euch alle Tage bis zum Ende der Welt.

Matthäus 28,19–20 ——

Als Jugendlicher besuchte ich das Franziskanergymnasium in Hall in Tirol. Da die Stadt Hall 170 Kilometer von meinem Geburtsort Sillian entfernt liegt, wohnte ich während der Schulzeit in einem Internat und kam nur alle „heiligen Zeiten" nach Hause. Am Ende der jeweiligen Ferien machte mir beim Abschied meine Mama immer mit Weihwasser ein Kreuzzeichen auf die Stirn und segnete mich. Ich werde das nie vergessen.

Heute mache ich das Kreuzzeichen mehrmals täglich: beim Aufstehen und beim Schlafengehen, am Beginn und beim Abschluss von Gebeten, vor einem wichtigen Gespräch, auch vor schwierigen Telefonaten. Ich tue es gerne. Manchmal spreche ich dabei die Worte: „Mit Gott fang an, mit Gott hör auf, das ist der beste Lebenslauf!" Bei Begegnungen und Besuchen mache ich gerne Kindern das Kreuzzeichen auf die Stirn. Manchmal bitten mich Menschen, dass ich sie mit dem Kreuzzeichen auf die Stirn segne.

Beim „kleinen Kreuzzeichen" berühre ich mit meinem Daumen die Stirn, den Mund und das Herz. Ich bitte auf diese Weise um einen klaren Kopf, um gute Worte und ein offenes Herz. All mein Denken, mein Reden und mein Fühlen sollen von Gott geprägt sein.

Beim „großen Kreuzzeichen" mache ich zunächst mit der rechten Hand vom Scheitel zum Herzen eine Bewegung und drücke damit aus, dass der große Gott in Jesus Christus von ganz oben zu uns Menschen herabkommt und sich klein macht. Bei den Worten „und des Heiligen Geistes" bewege ich die Hände von der linken zur rechten Schulter und unterstreiche damit, dass mich der Heilige Geist umhüllen möge. Ich lege den Heiligen Geist wie einen schützenden Mantel um meine Schultern.

Das Kreuzzeichen ist ein Gebet, bei dem ich mit dem ganzen Körper bete, nicht nur mit Worten oder in Gedanken. Ich verbinde das Kreuzzeichen bewusst mit Handbewegungen und zeige damit, dass ich die Hände nicht in der Hosentasche lassen will. Ich will mit Hand, Herz und Hirn handeln. Das Kreuzzeichen auf die Stirn ermöglicht Augen- und Körperkontakt und eine intensive Begegnung.

Es ist im wahrsten Sinne des Wortes berührend, wenn Eltern ihre Kinder täglich mit dem Kreuzzeichen segnen: beim Aufstehen, beim Schlafengehen, wenn sie das Haus verlassen, vor Prüfungen, vor schönen Ereignissen, am Namenstag und am Geburtstag.

Im Namen des Vaters und des Sohnes
und des Heiligen Geistes
am Anfang des Tages
Im Namen des Vaters und des Sohnes
und des Heiligen Geistes
am Ende des Tages
Im Namen des Vaters und des Sohnes
und des Heiligen Geistes
vor einem wichtigen Gespräch
Im Namen des Vaters und des Sohnes
und des Heiligen Geistes

am Beginn meines Betens
Im Namen des Vaters und des Sohnes
und des Heiligen Geistes
einfach zwischendurch
Im Namen des Vaters und des Sohnes
und des Heiligen Geistes
bei der Begrüßung
Im Namen des Vaters und des Sohnes
und des Heiligen Geistes
beim Abschied
Im Namen des Vaters und des Sohnes
und des Heiligen Geistes
nach einem Kuss
Im Namen des Vaters und des Sohnes
und des Heiligen Geistes
am Krankenbett
Im Namen des Vaters und des Sohnes
und des Heiligen Geistes
beim Segnen
Im Namen des Vaters und des Sohnes
und des Heiligen Geistes
vor einer Prüfung
Im Namen des Vaters und des Sohnes
und des Heiligen Geistes
Ich bin getauft auf den dreifaltigen Gott.

Gebet der fünf Finger

Mein Sohn, achte auf meine Worte, meine Gebote verwahre bei dir! Bewahre meine Gebote, damit du am Leben bleibst, hüte meine Unterweisung wie deinen Augapfel! Binde sie dir an die Finger, schreib sie auf die Tafel deines Herzens!
Sprichwörter 7,1–3 ——

Es ist hilfreich, ab und zu die eigenen Hände und Finger zu betrachten: Was mache ich mit meinen Händen? Was und wen haben meine Hände diese Woche berührt? Was haben diese Hände geleistet? Meine Finger dienen als Gedächtnisstütze und helfen mir, wichtige Sachen aufzuzählen: Erstens, zweitens, drittens, viertens, fünftens! Wenn ich die Hände zum Gebet falte, dann fördert dies meine Konzentration und Sammlung. Ich kann die Finger auch als Gebetsschnur verwenden, um damit beim Rosenkranz die zehn „Gegrüßt seist du, Maria" zu zählen.

Im angelsächsischen Raum wird seit Jahrhunderten das „Gebet der fünf Finger" gepflegt. Papst Franziskus greift diese Gebetsform immer wieder auf und empfiehlt sie den Leuten. Seine Überlegungen sind eine gute Hilfe, um handfest zu beten. Das Wissen, dass Gott seine Hand auf uns legt (Psalm 139), bildet einen hilfreichen Rahmen zu diesem Gebet.

Das Gebet des Daumens

Der Daumen ist unserem Körper am nächsten. Mithilfe des Daumens beten wir deshalb für jene Menschen, die für uns am wichtigsten sind.

Herr, gib den Menschen, die wir lieben,
Gesundheit der Seele und des Leibes.

Mögen sie dich von ganzem Herzen lieben und
dir auf dem Weg der Güte und Barmherzigkeit folgen.
Hilf ihnen, deinem Evangelium treu zu sein und
in deinem Frieden und deiner Freundschaft zu leben.

Das Gebet des Zeigefingers

Mit dem Zeigefinger beten wir für alle, die lehren, erziehen und heilen. Auch Lehrer, Ärzte und Priester brauchen unsere Gebetsunterstützung.

Herr, begleite diejenigen mit deiner Weisheit,
die dazu berufen sind, anderen etwas beizubringen,
sie zu begleiten und ihren Körper und ihre Seele zu heilen.
Mögen sie das Gute im Licht des Evangeliums
voranbringen.

Das Gebet des Mittelfingers

Der Mittelfinger ist der längste der fünf Finger. Er erinnert uns an Staatsoberhäupter, Politiker, Unternehmer und alle Führungskräfte, die für das Schicksal vieler Menschen Verantwortung tragen.

Herr, erleuchte diejenigen mit deiner Weisheit,
die das Schicksal unserer Länder in den Händen halten.
Mögen sie sich für Freiheit und Gerechtigkeit einsetzen
und den Respekt vor den anderen und den Frieden
zwischen den Völkern fördern.

Das Gebet des Ringfingers

Der Ringfinger ist der schwächste unserer Finger und weist auf die Schwächsten in unserer Gesellschaft hin. Sie brauchen unsere Hilfe und unser Gebet ganz besonders. Der Ringfinger erinnert natürlich auch an alle Ehepaare.

Herr Jesus Christus, du hast unsere Schwäche
auf dich genommen und
hast uns den geheimnisvollen Wert des Leidens offenbart.
Gib deinen Zuspruch all denjenigen, die sich in
Schwierigkeiten befinden, krank sind und leiden.

Das Gebet des kleinen Fingers

Der kleine und letzte Finger unserer Hand gilt uns selbst.
Nachdem wir für alle anderen gebetet haben, können wir
besser für uns selbst beten und auch einschätzen, was wir
brauchen. Wir sind jetzt nicht mehr nur mit unseren eigenen Wehwehchen und Plänen beschäftigt.

Nimm und empfange, Herr, meine Freiheit,
meine Erinnerung,
meinen Intellekt und meinen Willen, alles was ich besitze.
Du hast mir alles gegeben. Alles, Herr, gebe ich dir zurück.
Alles, was ich habe, ist dein:
Mach daraus, was du für richtig ansiehst.
Nur lass mir deine Liebe und deine Gnade zuteilwerden,
das reicht mir.
Heiliger Ignatius von Loyola ——

Impuls

Heute möchte ich mit meinen fünf Fingern für meine
Nächsten, die Lehrenden, die Mächtigen, die
Schwachen und für mich selbst beten.

Morgen werde ich für sie danken. Oder vielleicht
schon heute.

Grüß Gott – Gott segne dich

Was ihr für einen meiner geringsten Brüder getan habt,
das habt ihr mir getan.

Matthäus 25,40 ———

3. Jänner 2015: Ich stehe in einem Lebensmittelgeschäft vor der Kassa. In der Warteschlange vor mir befindet sich ein junger Mann. Er schaut mich freundlich an. Ich sage: „Grüß Gott!" Der junge Mann meint: „Lieber nicht!" Ich bin überrascht: „Warum?" Der junge Mann erwidert: „Dann müsste ich ja sofort sterben!" Ich schaue umso überraschter: „Das verstehe ich nicht." Der junge Mann antwortet: „Erst nach dem Tod begegne ich Gott. Erst dann kann ich ihn sehen und grüßen." Ich entgegne: „Das glaube ich nicht. Ich kann Gott auch schon hier auf dieser Welt begegnen." Der junge Mann meint abschließend: „Nein, das geht nicht. Also sagen Sie bitte lieber ‚Schönen Tag'."

„Grüß Gott" heißt zunächst „Es grüße dich Gott!" Das mittelhochdeutsche „grüezen" beinhaltet auch die Bedeutung „Es segne dich Gott!" Diese doppelte Richtung motiviert mich, vertraute und auch fremde Menschen mit „Grüß Gott" anzusprechen und den Gruß als Gebet auf der Straße zu nützen. Ich verwende ihn ganz bewusst, bitte damit um Segen für diese und jene Person und werde durch sie auch an die Gegenwart Gottes in der Welt erinnert. Ist es nicht wunderbar zu wissen, dass vor mir ein Mensch steht, der ein Abbild und Bote Gottes ist. Das Bewusstsein, dass Gott in diesem Menschen gegenwärtig ist, macht mich ehrfürchtig und aufmerksam. Mir wird bei diesem Segensgruß auch klar, dass jede Unfreundlichkeit, Entwürdigung und Missachtung meines Gegenübers auch eine Missachtung

Gottes darstellt. Wie würde sich die Welt verändern, wenn wir Menschen mehr daran glaubten, dass wir Gottes Ebenbild sind?

Impuls

Heute verlege ich mein Gebet auf die Straße und begrüße ganz bewusst bestimmte Menschen mit den Worten „Grüß Gott".

Vergelt's Gott – Danke

Der HERR, der Gott Israels, zu dem du gekommen bist,
um dich unter seinen Flügeln zu bergen, möge dir dein
Tun vergelten und dich reich belohnen.

Rut 2,12 ———

Hans kommt am Donnerstag zur Abendmesse, zwei Tage nachdem seine Frau gestürzt ist, dabei einen Oberschenkelhalsbruch erlitten hat und nach einer komplizierten Operation im Koma liegt. Ich gehe ihm entgegen, um ihm mein Mitgefühl zu zeigen und ihn zu trösten. Auf meine Frage, wie es geht, antwortet er: „Ich bin gekommen, um Vergelt's Gott zu sagen für die vielen guten Ehejahre, die wir miteinander erleben durften." Ich bin überrascht und beeindruckt. Er hätte genauso jammern und klagen können, warum der Unfall seiner Frau passiert ist und dass er jetzt alleine ist.

Hans bezeugt, dass das Sprichwort „Nicht Glück führt zur Dankbarkeit, sondern Dankbarkeit zum Glück" viel Lebensweisheit enthält. Man sieht Menschen wie Hans an, dass sie zufrieden sind, auch wenn ihr Leben nicht immer leicht ist. Ihre Ge-dank-en kreisen nicht um all das, was belastend ist, sondern beginnen bei der Dankbarkeit. Für mich ist es kein Zufall, dass sich die Worte denken und danken (auch *think* und *thank*) nur durch einen Buchstaben unterscheiden. Wer denkt, wird ganz selbstverständlich auch danken; wer dankt, denkt in großen Zusammenhängen und nimmt nicht alles als selbstverständlich hin.

Danken durchzieht wie ein roter Faden die Bibel von der ersten bis zur letzten Seite. Hier sollen zwei Beispiele herausgegriffen werden, die das Wort „Vergelt's Gott" erklären:

Die Moabiterin Rut ist mit ihrer Schwiegermutter Noomi in deren Heimat Betlehem zurückgekehrt, um nach dem Tod ihres Mannes der Hungersnot im eigenen Land zu entkommen. Sie darf auf den Feldern ihres Verwandten Boas Ähren auflesen. Dieser hat erfahren, was Rut für ihre Schwiegermutter getan hat und dankt ihr mit den Worten: *Der HERR, der Gott Israels, zu dem du gekommen bist, um dich unter seinen Flügeln zu bergen, möge dir dein Tun vergelten und dich reich belohnen.* Heute würde Boas vielleicht kurz und bündig „Vergelt's Gott" für ihren treuen Einsatz sagen.

Abram bekommt von Gott selbst die Zusage, dass er seinen Glauben reichlich belohnen werde: *Nach diesen Ereignissen erging das Wort des HERRN in einer Vision an Abram: Fürchte dich nicht, Abram, ich selbst bin dir ein Schild; dein Lohn wird sehr groß sein.* (Genesis 15,1) Dadurch wird Abram ermutigt, seinen Weg des Vertrauens weiterzugehen und als Abraham zum Stammvater Israels zu werden.

Der umgangssprachliche Ausdruck „Vergelt's Gott" hat viele Verbindungen zum Wort „Danke" und doch einen großen Unterschied. Ich betone damit, dass nicht nur ich danken möchte, sondern dass mein Dank von einer höheren Stelle bestärkt und vervielfacht wird: Gott möge dir deine Güte vergelten! Gott möge dich dafür reich belohnen. Ich sage „Vergelt's Gott" im Wissen, dass Gottes Lohn länger anhält und größere Früchte bringt, als es meine eigene Dankbarkeit vermag.

Bei einer Erntedankfeier formulierten Jugendliche folgenden Traum: Wenn jeder Mensch auf der Welt sich nur einmal am Tag für einen kurzen Moment am Wunder einer Blume erfreute, den Duft einer Rose atmete, dem Rauschen

des Windes lauschte oder den Wind auf seiner Haut nach-
spürte, dann bekäme die Menschheit eine leise Ahnung
von dem großen Geschenk, das Gott uns in seiner Natur
gemacht hat. Das Staunen über die wunderbare Schöpfung
würde uns Menschen so sehr erfüllen, dass Kriege und
Streit überflüssig würden. Ein großer Traum, vielleicht zu
groß für einen Einzelnen, aber je mehr Menschen diesen
Traum träumen, umso mehr wird er zur Wirklichkeit.

Jeder Mensch bekommt bei der Geburt den Schlüssel
der Dankbarkeit mit. Es liegt an uns, ob wir ge-danken-
los Türen zuknallen oder mit diesem Zauberschlüssel viele
Türen öffnen. Auch der Apostel Paulus betont mehrfach,
wie wichtig ihm die Kultur der Dankbarkeit ist. Als gebildeter Briefschreiber beginnt er seine Briefe mit einem
Dank. Im Brief an die Gemeinde in Philippi schenkt er Ein-
blick in sein tägliches Beten: *Ich danke meinem Gott jedes
Mal, sooft ich eurer gedenke; immer, wenn ich für euch alle
bete, bete ich mit Freude. Ich danke für eure Gemeinschaft
im Dienst am Evangelium vom ersten Tag an bis jetzt.* (Philipperbrief 1,3–5)

Mehrfaches Vergelt's Gott

*Vergelt's Gott allen Menschen, die Frieden stiften,
denn sie verhindern viel Leid und Not.
Vergelt's Gott allen Menschen, die Angehörige pflegen,
denn sie sind wie der barmherzige Samariter.
Vergelt's Gott allen, die sich in sozialen Einrichtungen
für Menschen in Not engagieren.
Vergelt's Gott allen Freiwilligen und Ehrenamtlichen,
die oft im Hintergrund dienen.
Vergelt's Gott allen Menschen, die Humor verbreiten,
denn sie sind Goldes wert.*

Vergelt's Gott allen, die Zeit und Geld spenden,
denn sie helfen damit, viel Not zu lindern.
Vergelt's Gott allen, die nicht nur jammern
und kritisieren,
sondern sich engagieren und beten.

Pfiat di – Behüte dich Gott

Ich erhebe meine Augen zu den Bergen:
Woher kommt mir Hilfe?
Meine Hilfe kommt vom HERRN,
der Himmel und Erde erschaffen hat.
Er lässt deinen Fuß nicht wanken,
dein Hüter schlummert nicht ein.
Siehe, er schlummert nicht ein und schläft nicht,
der Hüter Israels.
Der HERR *ist dein Hüter, der* HERR *gibt dir Schatten*
zu deiner Rechten.
Bei Tag wird dir die Sonne nicht schaden
noch der Mond in der Nacht.
Der HERR *behütet dich vor allem Bösen,*
er behütet dein Leben.
Der HERR *behütet dein Gehen und dein Kommen*
von nun an bis in Ewigkeit.

Psalm 121 ——

Psalm 121 wird manchmal liebevoll als „Tiroler Psalm"
bezeichnet. Er lässt sich leicht in unseren Alltag übertragen:

Pfiat di – Gott ist die verlässlichste Hilfe
und der beste Schutz.
Pfiat di – Gott schaut nicht unachtsam weg
und schläft nicht.
Pfiat di – Gott weiß, was wir brauchen.
Pfiat di – Gott behüte dich im Straßenverkehr.
Pfiat di – Gott begleite dich bei der bevorstehenden Reise.
Pfiat di – Gott helfe dir bei der Prüfung.
Pfiat di – Gott sei beim kommenden Krisengespräch
bei dir.

Pfiat di – ich weiß dich in Gottes Händen
gut aufgehoben.

Das Dialektwort „Pfiat di" hat sich im Laufe der Jahrhunderte aus „bhiat di = behüt dich Gott" entwickelt. In Tirol
verabschieden sich manche Leute mit diesen Worten. Sie
verbinden ihren Gruß mit einem Segenswunsch und mit
dem Vertrauen, dass wir nicht hilflos auf den Straßen des
Lebens herumirren und blind jeder Gefahr ausgeliefert
sind. Es ist für Eltern beruhigend, wenn sie ihre Kinder von
höchster Stelle behütet wissen.

Auch Jesus weiß, wie wichtig dies ist. Deshalb betont er
beim letzten Abendmahl mehrfach, dass jetzt zwar ein großer Abschied naht, dieser aber nicht das Ende seines Schut-
zes bedeutet. Es ist ihm nicht egal, wie es mit den Jüngern
und der ganzen Menschheit weitergeht, und so bittet er den
Vater um den höchsten Beistand:

Heiliger Vater, bewahre sie in deinem Namen. Solange
ich bei ihnen war, bewahrte ich sie in deinem Namen, den
du mir gegeben hast. Und ich habe sie behütet und keiner
von ihnen ging verloren. Ich bitte nicht, dass du sie aus der
Welt nimmst, sondern dass du sie vor dem Bösen bewahrst.
(Johannes 17,11.12.15)

Bewahre uns Gott

Bewahre uns, Gott, behüte uns, Gott,
sei mit uns auf unsern Wegen.
Sei Quelle und Brot in Wüstennot,
sei um uns mit deinem Segen.

Bewahre uns, Gott, behüte, uns Gott,
sei mit uns in allem Leiden.

Voll Wärme und Licht im Angesicht,
sei nahe in schweren Zeiten.

Bewahre uns, Gott, behüte uns, Gott,
sei mit uns vor allem Bösen.
Sei Hilfe, sei Kraft, die Frieden schafft,
sei in uns, uns zu erlösen.

Bewahre uns, Gott, behüte uns, Gott,
sei mit uns durch deinen Segen.
Dein Heiliger Geist, der Leben verheißt,
sei um uns auf unsern Wegen.
Text: Eugen Eckert © Strube Verlag, München ——

Unser tägliches Brot gib uns heute

Gib uns heute das Brot,
das wir brauchen!

Matthäus 6,11 ——

Vor einigen Jahren hat sich in der Tageszeitung jemand beschwert, dass er am frühen Nachmittag in einem Lebensmittelgeschäft sein Wunschbrot nicht mehr bekommen hat, und drohte, er werde dort nie mehr einkaufen. Daraufhin hat sich der Leiter des Geschäfts in einem öffentlichen Antwortbrief entschuldigt und versprochen, dass dies nie mehr geschehen werde. Beim Lesen der beiden Leserbriefe habe ich mir gedacht: Schade, dass sich eine Handelskette so schnell verpflichtet fühlt, alle möglichen und unmöglichen Forderungen zu erfüllen. Was wäre gewesen, wenn der Leiter geantwortet hätte: „Es ist uns wichtig, dass wir nicht ständig zu viel Brot erzeugen und dann einen Teil wegwerfen müssen. Wir bitten, dass Sie in solchen Situationen eine andere Brotsorte aus unserer reichen Auswahl probieren und sich diese schmecken lassen."

Ich kann und will mich nicht daran gewöhnen, dass in Österreich täglich Unmengen von Brot weggeworfen werden. Wie ist es möglich, dass auf unserer Welt die einen verhungern und die anderen achtlos mit Lebensmitteln umgehen? Da ist vieles aus dem Gleichgewicht geraten, da stimmt vieles nicht, sowohl in der Einstellung Einzelner als auch im Gesamtsystem. Das selbstverständliche Überangebot an Lebensmitteln in den Regalen verleitet, nur die eigenen Vorlieben im Blick zu haben und ganz zu vergessen, was das für Folgen hat. Die Frage, was ich wirklich zum täglichen Leben brauche, stellt sich in einem vollen Geschäft kaum.

Wer ist mein Nächster?

So fragt ein Gesetzeslehrer Jesus und will sich damit verteidigen, dass nicht jeder Mensch sein Nächster sein kann. Jesus erzählt daraufhin das Gleichnis vom barmherzigen Samariter und dreht darin die Frage des Gesetzeslehrers radikal um: Du musst ein Nächster werden! Du musst wie der barmherzige Samariter die Kunst lernen, dort zu helfen, wo du heute gebraucht wirst. Du musst aufmerksam sein, was vor deinen Augen geschieht. Du musst nicht alles selber machen, in der Herberge findest du Hilfe. *Geh und handle du genauso!* (Lukas 10,37)

Jesus dreht die oft diskutierte Frage des Gesetzeslehrers wohl auch deswegen um, um von den vielen lähmenden Gesprächen wegzukommen, die immer mit dem Ergebnis enden: „Da kann man nichts machen!" „Als Einzelner bin ich nur ein kleines Rad im Gesamtgetriebe und somit hilflos."

Wenn ich mich frage, wer heute mein Nächster oder meine Nächste ist, dann bekommt die Bitte um das tägliche Brot eine ganz neue Dimension. Sie stärkt die Bereitschaft zum Einsatz für Gerechtigkeit und Friede und macht uns bereit, das Brot des Lebens zu teilen.

Bitte um Brot für Leib und Seele

Gib uns täglich das Brot, das wir brauchen! (Lukas 11,3) In dieser wichtigen Bitte des Vaterunsers schaue ich nicht nur auf mich, sondern auf uns. Die Bitte will mein soziales Gewissen und mein Vertrauen stärken: Ich habe nicht nur meinen Vorteil im Blick, blicke vertrauensvoll auf den heutigen Tag und sorge mich nicht ängstlich, was im kommenden Jahr oder in zehn Jahren sein soll. Es geht um das, was wir heute notwendig und notwendend brauchen und nicht um den fünfzigsten Luxusartikel.

Mit der Bitte um Brot ist ganz konkret die Nahrung auf dem Tisch gemeint, aber auch allgemein die Stärkung für Leib und Seele: dass wir arbeiten können, dass wir gesund sind, dass wir Hoffnung haben, dass wir einander lieben, dass wir geliebt werden.

Ein Tischgebet vor oder nach dem Essen hilft mir, die Kultur der Dankbarkeit zu pflegen, aufmerksam zu leben und täglich neu die Balance zwischen Geben und Nehmen zu üben:

Gott, wir Menschen brauchen Nahrung für Leib und Seele. Wir danken dir, dass du uns jetzt beides gibst. Wir danken für das Essen auf dem Tisch, aber auch für die Tischgemeinschaft und das Miteinander. So segne unsere Gespräche und lass uns jene Menschen nicht vergessen, die Hunger leiden nach Brot, Anerkennung, Sicherheit, Liebe und Geborgenheit.

Stärke meine Hoffnung

*Der Gott der Hoffnung aber erfülle euch mit aller Freude
und mit allem Frieden im Glauben, damit ihr reich werdet
an Hoffnung in der Kraft des Heiligen Geistes.*

Römerbrief 15,13 ——

In den Jahren seines intensiven Suchens verließ der heilige Franziskus gerne die Stadt Assisi und zog sich außer-
halb der Stadttore in die kleine Kirche von San Damiano
zurück. Dort ist im Blick auf das berühmte Kreuz folgendes
Gebet entstanden und gewachsen.

*Höchster, lichtvoller Gott,
erleuchte die Finsternis meines Herzens
und schenke mir
einen Glauben, der weiterführt,
eine Hoffnung, die durch alles trägt,
und eine Liebe, die auf jeden Menschen zugeht.
Lass mich spüren, wer du bist,
und erkennen, welchen Weg du mir zeigst.*
Gebet des Franziskus, übersetzt von Niklaus Kuster ——

Ich bete dieses Gebet bei ganz verschiedenen Anlässen,
ich kenne es auswendig und inwendig. Da wird Gott als
„höchster, lichtvoller" angeredet, der die Finsternis meines Herzens erleuchten kann. Es geht um die drei großen
Standbeine Glaube, Hoffnung und Liebe. Mit ihnen bin ich
tief verwurzelt im Leben und richte gleichzeitig das Herz
auf den unendlichen Gott aus. Das Gebet spricht von der
Wichtigkeit zu erspüren, wer Gott ist und welchen Weg er
mir zeigt. Es erinnert mich, dass ich von Gott einen einzigartigen Auftrag bekommen habe, der nur mir gilt.

Hoffnungslose Zeit

Viele Menschen haben den Eindruck, dass unser derzeitiger Zeitgeist und die Weltsituation nicht von großer Hoffnung geprägt sind. Es herrscht mehr Angst als Hoffnung, mehr Unsicherheit als Vertrauen, mehr Rückzug als Aufbruchsstimmung. Öfters werden Mauern hochgezogen als verbindende Brücken errichtet. Der Spalt zwischen denen, die zu wenig haben, und denen, die Angst haben, dass ihnen etwas genommen wird, wird immer größer. Gerade aufgrund dieser wachsenden Unsicherheit ist es wichtig, dass wir ganz gezielt auf Hoffnungssuche bleiben, damit die Hoffnung nicht untergeht. Die Frage ist nur: Lässt sich Hoffnung befehlen? Worin liegt der Grund unserer Hoffnung?

Hoffnung lässt sich nicht vorschreiben, wohl aber von hoffnungsvollen Menschen vorleben. Mir fallen dazu oft die Worte ein, die ein Kind aus einem Flüchtlingslager bei Betlehem im Jahr 2000 zu Papst Johannes Paul I. gesagt hat: „Uns fehlt vieles. Aber am schlimmsten ist die Tatsache, dass wir keinen Mut und keine Hoffnung mehr haben. Ihr müsst uns helfen und von außen Mut und Hoffnung zu uns bringen."

GmbH – Gemeinschaft mit begründeter Hoffnung

Seid stets bereit, jedem Rede und Antwort zu stehen,
der von euch Rechenschaft fordert über die Hoffnung,
die euch erfüllt. (1. Petrusbrief 3,15)

Stellen Sie sich eine Runde von Menschen vor, die sich gegenseitig erzählen, welche Hoffnung in ihnen lebt und was für sie Hoffnung bedeutet!

- Hoffnung ist wie ein Anker, der meinem schwankenden Lebensschiff Sicherheit gibt.
- Hoffnung ist wie das selbstverständliche Weitergehen, ohne das Ziel ständig zu sehen.

- Hoffnung ist wie ein Licht im Dunkeln.
- Hoffnung ist wie das, was zuletzt stirbt.
- Hoffnung ist wie ein Tor in der 90. Minute.

Ich bin überzeugt, dass eine Hoffnungsrunde ganz anders verläuft als eine Runde z. B. zum Thema „Was macht dir heute Spaß?" oder „Wie geht es dir heute?"

Jesus als Grund der Hoffnung

Der Apostel Paulus hat bei seiner Ankunft in Europa in der Stadt Thessalonich Folgendes erfahren: *Unablässig erinnern wir uns vor Gott, unserem Vater, an das Werk eures Glaubens, an die Mühe eurer Liebe und an die Standhaftigkeit eurer Hoffnung auf Jesus Christus, unseren Herrn.* (1. Thessalonicherbrief 1,3)

Diese prägnanten Worte zeigen, was Paulus in seinen ersten Wochen in Europa ermutigt hat. Es war nicht ein Prinzip, nicht ein Trick, sondern eine Person, nämlich Jesus Christus. Er ist derjenige, der uns Menschen den Glauben vermehrt, die Hoffnung stärkt und die Liebe entzündet, wie wir im Rosenkranz beten. Der oft zitierte Satz „Die Hoffnung stirbt zuletzt" drückt nur die halbe Wahrheit aus, da sie keine Quelle für unsere Hoffnung nennt. Gott sei Dank hat unsere Hoffnung einen Namen und ein Gesicht, nämlich Jesus Christus. *Und auf seinen Namen werden die Völker ihre Hoffnung setzen.* (Matthäus 12,21)

Segensgebet
Der Gott Jesu Christi erleuchte die Augen eures Herzens, damit ihr versteht, zu welcher Hoffnung ihr durch ihn berufen seid, welchen Reichtum die Herrlichkeit seines Erbes den Heiligen schenkt.
Epheserbrief 1,18 ———

Entzünde meine Liebe

Ein neues Gebot gebe ich euch: Liebt einander!
Wie ich euch geliebt habe, so sollt auch ihr einander lieben.
Daran werden alle erkennen, dass ihr meine Jünger seid:
wenn ihr einander liebt.

Johannes 13,34–35 ——————

Das gezielte Gebet um Liebe unterstützt mich, im Trubel des Alltags nicht so schnell das Wichtigste zu vergessen. Es macht mich bescheiden und erinnert mich, dass ich Liebe nicht erzwingen kann, sondern dass sie mir zuallererst geschenkt wird. Liebe ist Gnade pur. Drei Sonnenstrahlen der Liebe sollen auch unser Beten stärken:

Wie Gott mir, so ich dir

Auf die Frage nach dem wichtigsten Gebot antwortet Jesus: *Höre, Israel, der Herr, unser Gott, ist der einzige Herr. Darum sollst du den Herrn, deinen Gott, lieben mit ganzem Herzen und ganzer Seele, mit deinem ganzen Denken und mit deiner ganzen Kraft. Als zweites kommt hinzu: Du sollst deinen Nächsten lieben wie dich selbst.* (Markus 12,29–31)

In einer Diskussion zu dieser Antwort Jesu meinte jemand: „Der erste Teil der Antwort ist überflüssig, er hat nichts mit der Frage nach dem wichtigsten Gebot zu tun." Es gab sofort Widerspruch und so wurde im Verlauf des Gespräches immer klarer, dass dieser erste Teil die jüdische und christliche Begründung für das wichtigste Gebot liefert: Weil Gott einzigartig ist und uns in seiner Einzigartigkeit liebt, sind wir fähig, diese Liebe weiterzugeben. Nur und gerade deshalb kann unsere Liebe viel bewirken.

Was hat Jesus Neues gebracht? Er bestätigt und begründet den Auftrag zur Liebe mit seinem tausendfachen Vor-

schuss an Liebe. *Das ist mein Gebot, dass ihr einander liebt,
so wie ich euch geliebt habe.* (Johannes 15,12)

Ich darf und will heute beten:
*Gott, du bist die Liebe. Lass mich den großen Vorschuss
der Liebe Jesu spüren, damit ich sie an andere Menschen
weitergeben kann.*

Ganzheitliche Liebe

Viele Menschen stellen ihre Liebe mit einem Herzen dar.
Tausende Liebeslieder besingen Herzlichkeit und Herz-
klopfen. Liebe benötigt neben dem Herzen auch den Verstand, um Zusammenhänge zu erkennen und gelassen und
klug zu handeln. Gereifte Liebe zeigt sich auch in einem
gütigen Blick und in der Wortmelodie meines Sprechens.
Wer herablassend spricht und andere schnell verurteilt,
verbreitet nicht Liebe, sondern Unsicherheit, Streit und
Hass. Liebe ist eine Tat-Sache und muss in Taten sichtbar
werden. Sonst bleibt sie nur eine Seifenblase oder ein süß-
liches Gerede. Der Apostel Paulus weiß von dieser alles
prägenden Kraft der Liebe: *Wenn ich in den Sprachen der
Menschen und Engel redete, […] und alle Geheimnisse wüss-
te und alle Erkenntnis hätte; wenn ich alle Glaubenskraft
besäße […] Und wenn ich meine ganze Habe verschenkte
[…], hätte aber die Liebe nicht, nützte es mir nichts.* (1.
Korintherbrief 13,1–3)

Ich darf und will heute beten:
Gott, erfülle mich ganz mit deiner Liebe.
Präge mein Herz, mein Denken und Fühlen.
Lass mich mit Worten und Taten Liebe verbreiten.

Untrennbare Einheit von Gottesliebe, Nächstenliebe und Eigenliebe

Als zweites kommt hinzu: Du sollst deinen Nächsten lieben wie dich selbst. (Markus 12,31)

„Ich suchte Gott und fand ihn nicht. Ich suchte mich selbst und fand mich nicht. Ich suchte meinen Nächsten und fand alle drei." Diese Erfahrung zeigt, dass die Gottes-, Nächsten- und Eigenliebe niemals in Konkurrenz stehen, sondern die Beine eines Stuhles bilden. Wo ein Bein fehlt, wird alles wackelig. Wenn ich andere Menschen als Bedrohung sehe, fällt es mir schwer, mich selbst zu lieben. Dass ich die anderen liebe, aber mich selbst geringschätze, geht auf Dauer auch nicht. Dann besteht die Gefahr, meinen Einsatz für andere zur Selbstbestätigung zu missbrauchen. Wenn ich behaupte, Gott zu lieben, aber die Menschen verachte, bete ich nicht zum Gott Jesu Christi.

Ich darf und will heute beten:
Gott, ich würde so gerne von Liebe erfüllt sein.
Pflicht ohne Liebe macht verdrießlich,
Verantwortung ohne Liebe macht rücksichtslos,
Gerechtigkeit ohne Liebe macht hart,
Freundlichkeit ohne Liebe macht heuchlerisch,
Ordnung ohne Liebe macht kleinlich,
Ehre ohne Liebe macht geizig,
Glaube ohne Liebe macht fanatisch.
Ein Leben ohne Liebe ist sinnlos.
Doch ein Leben in Liebe ist Glück und Freude.
Schenke mir Liebe und lass mich Liebe weitergeben.
frei nach Laotse, 6. Jh. v. Chr. ——

Gib mir mehr Selbstbewusstsein

Seh ich deine Himmel, die Werke deiner Finger,
Mond und Sterne, die du befestigt:
Was ist der Mensch, dass du seiner gedenkst,
des Menschen Kind, dass du dich seiner annimmst?
Du hast ihn nur wenig geringer gemacht als Gott,
du hast ihn gekrönt mit Pracht und Herrlichkeit.

Psalm 8,4–6 ——

„In meinen Gedanken zum diesjährigen Weihnachtsfest
bin ich der Frage nachgegangen, was christlicher Glaube
überhaupt bedeutet, was dessen Kern ist: Sich von Gott
geliebt zu wissen! – das ist es! Aus dem ergibt sich alles. Du
bist ein einzigartiges, wunderbares Geschöpf Gottes und
als solches unendlich und vorbehaltlos geliebt – was immer
auch ist und was immer auch kommt. Im vollen Bewusstsein dessen verlieren wir die Angst um uns selbst, die ange-
sichts unserer Endlichkeit aus irdischer Perspektive so oft
unser Fühlen, Denken und Handeln prägt. So einfach wäre
es. Und so schwer ist es dann doch." Diese Gedanken hat
mir Klaus zum Weihnachtsfest geschickt. Sie zeigen, wie
ein aufmerksamer und sensibler Mensch nicht ins Jammern oder Schimpfen abrutscht, sondern den unendlichen
göttlichen Wert jedes Menschen sieht und immer wieder
bewusst zu dieser Zusage zurückkehrt.

Unser Selbstbewusstsein ruht auf verschiedenen Säulen:
Äußeres, Inneres, messbarer Erfolg, ehrliches Bemühen,
Applaus, Sinnerfahrung, Geld, Zufriedenheit, Beziehun-
gen zu Menschen, Freundschaft, Fähigkeit zu lieben und
geliebt zu werden, Wissen um die eigene Würde vor jeder
Leistung. Was von all dem ist für Sie das Wichtigste? Was

wünschen Sie sich, um nicht so oft verunsichert zu werden und zufriedener und freier leben zu können?

Misserfolg und Selbstzweifel bleiben niemandem erspart. Sie kommen aus heiterem Himmel oder verdichten sich Tag für Tag: etwas gelingt einfach nicht, ich werde von lieben Menschen enttäuscht, ich habe einen großen oder kleinen Fehler gemacht, ich fühle mich nicht beachtet und nicht geliebt, andere können alles besser … Solche Erfahrungen nagen an unserem Selbstbewusstsein und verletzen uns. Jeder Mensch ist diesen Erfahrungen ein Stück weit ausgeliefert. An uns liegt es, wie wir damit umgehen, worauf wir unser Selbstbewusstsein aufbauen und wie wir auch andere Menschen in ihrer Unsicherheit stärken.

Mit Psalm 8 kann und soll jeder Mensch über das Wunder seines Lebens staunen: Wer bin ich, dass du meiner gedenkst und dich meiner annimmst? Der Blick auf Gott macht mich nicht kleiner, sondern erhöht meinen Wert. Das Gebet weitet den Horizont und verhindert, dass ich kleinkariert denke, mich selber und andere klein mache oder den Kopf in den Sand stecke. Die Würde, die uns Gott am Beginn des Lebens als Startkapital mitgibt, bildet das stabilste Fundament, unseren eigenen Weg zu gehen. Es ist besser, auf Gottes Zusage als auf Fassaden und Scheinarchitektur zu setzen. Mensch, du hast von Gott her einen unendlichen Wert, den dir niemand nehmen kann. Gott ist keiner, der nur darauf aus ist, möglichst viele Verehrer zu haben, sondern einer, der unseren Wert erhöht.

Ich singe/spiele mir in Stunden des Zweifels das Lied **„Vergiss es nie"** vor:

Vergiss es nie: Dass du lebst, war keine eigene Idee,
und dass du atmest, kein Entschluss von dir.
Vergiss es nie: Dass du lebst, war eines anderen Idee,
und dass du atmest, sein Geschenk an dich …

Vergiss es nie: Niemand denkt und fühlt
und handelt so wie du,
und niemand lächelt so, wie du's grad tust.
Vergiss es nie: Niemand sieht den Himmel
ganz genau wie du,
und niemand hat je, was du weißt, gewusst.

Vergiss es nie: Dein Gesicht hat niemand sonst
auf dieser Welt, und solche Augen hast alleine du.
Vergiss es nie: Du bist reich, egal ob mit, ob ohne Geld;
denn du kannst leben! Niemand lebt wie du.

Refrain jeweils:
Du bist gewollt, kein Kind des Zufalls,
keine Laune der Natur,
ganz egal, ob du dein Lebenslied in Moll singst oder Dur.
Du bist ein Gedanke Gottes, ein genialer noch dazu!
Du bist du, das ist der Clou, ja, du bist du!
Jürgen Werth

Vergiss es nie [Janz, Paul / Werth, Jürgen],
Originaltitel: I Got You, Text und Musik: Paul Janz,
Deutscher Text: Jürgen Werth
© 1976 New Spring Publishing Inc.
Für D, A, CH: Small Stone Media Germany GmbH ——

Hilf mir, eine gute Entscheidung zu treffen

Lehre mich HERR, *deinen Weg,*
dass ich ihn gehe in Treue zu dir.

Psalm 86,11 ――――

In Entscheidungssituationen bete ich
- um Gottes Hilfe und den Beistand des Heiligen Geistes
- um einen wachen Hausverstand
- um Menschen, die mich freundschaftlich beraten
- um eine tragfähige Wertehaltung
- um das Festhalten an Visionen und Idealen
- und die Kraft, meinen eigenen Weg zu gehen

Es braucht Mut, sich Entscheidungen zu stellen. Sich gut beraten zu lassen zeugt von Klugheit und Weitblick. Ans Ziel zu kommen ist Gnade und Geschenk. Gott dabei zu vertrauen ist eine große Chance.

Die Weisen aus dem Morgenland (Matthäus 2,1–11) sind für mich in mehrerlei Hinsicht Vorbilder in Entscheidungssituationen, sowohl für die täglichen kleinen Schritte als auch für die große Ausrichtung meines Lebens:

Gemeinsam, statt einsam

Die Weisen aus dem Morgenland sind keine Einzelgänger und keine Einzelhelden. Sie machen sich gemeinsam auf den Weg, um sich gegenseitig zu helfen. Sie sind auch deswegen gemeinsam unterwegs, weil sie gemeinsame Interessen haben und diese mit anderen teilen.

Sich beraten lassen, aber nicht
auf jeden Scharlatan hereinfallen

Ganz selbstverständlich gehen die Weisen aus dem Morgenland zunächst in die Königsstadt Jerusalem, weil sie den neugeborenen König im Königspalast erwarten. Dort lassen sie sich von den Schriftgelehrten beraten. Mit dem Hinweis, dass der verheißene Messias in Betlehem geboren werde, führt ihr Weg in diese zunächst unbekannte Stadt. Sie lassen sich nicht von König Herodes blenden, weder von seinem Reichtum noch von seiner List. Sie trauen den eigenen Träumen mehr als dem Machthaber in Jerusalem.

Ausdauer und Konsequenz

Die Weisen aus dem Morgenland haben sich vor langer Zeit auf den Weg gemacht, um dem neugeborenen Königskind zu huldigen. Sobald sie nach Betlehem kommen, setzen sie ihr Ziel sofort um: *Sie gingen in das Haus und sahen das Kind und Maria, seine Mutter; da fielen sie nieder und huldigten ihm.* (Matthäus 2,11) Trotz aller Umwege bleiben sie ihrer Idee treu und ändern nicht täglich die Meinung und das Ziel. Sie lassen sich nicht entmutigen, nachdem sie das Königskind in der falschen Stadt gesucht haben. Nach dem Motto „fallen, aufstehen, Krone richten und weitergehen" setzen sie die nächsten Schritte.

Dem Stern folgen

Es ist für mich kein Wunder, dass der Stern von Betlehem seit eh und je die Menschen fasziniert. Er motiviert, nicht nur auf Nummer sicher zu gehen, sondern auch nach dem zu streben, was unerreichbar scheint. Er erinnert uns daran, zum Himmel aufzuschauen und nicht nur auf den Boden zu blicken. Der Stern hält nicht zuletzt unsere

Sehnsucht nach einer gerechten Welt, nach Neubeginn und nach der Begegnung mit dem Göttlichen wach. Der Stern hilft uns, die Zeichen der Zeit zu deuten und für heute das Richtige zu tun.

Gerade im Blick auf große Entscheidungen und die Geschichte der Menschheit stellt sich die Frage nach dem Wesen des Menschen, seiner Freiheit, seinem Ausgeliefertsein, seinem Schicksal. Gott gibt uns Menschen bei der Geburt einen einzigartigen Weg vor, den wir im Laufe des Lebens finden und dann mit Überzeugung und in Treue gehen sollen. Vieles wird uns bereits in die Wiege gelegt. Wachsames Beten hilft, den eigenen Weg zu finden und zu gehen.

Ist Gott einer, der bei allen Entscheidungen an meiner Seite bleibt? Gehe ich an einer Kreuzung rechts, dann geht er mit, gehe ich links, dann bleibt er auch bei mir. *Auch wenn ich gehe im finsteren Tal, ich fürchte kein Unheil; denn du bist bei mir, dein Stock und dein Stab, sie trösten mich.* (Psalm 23,4) Diese Zusage betont, dass Gott bei falschen Entscheidungen sich nicht aus dem Staub macht, sondern mitgeht und mir dadurch sogar hilft, aus Fehlern zu lernen und neu anzufangen. Gemäß dieser Vorstellung hilft Beten, wachsam zu sein, die Zusammenhänge klarer zu erkennen und mit Gottes Hilfe auf dem Weg zu bleiben. Gott richtet mich auf, wenn ich gefallen bin, und ermutigt mich zum Neustart und Weitergehen.

Gott, ständig soll ich Entscheidungen treffen.
Das ist nicht leicht, oft bin ich überfordert.

Hilf mir, bei Entscheidungen nicht nur
auf den eigenen Vorteil zu achten
oder nur den schnellen Erfolg anzustreben.

*Gib mir die Kraft, Dinge zu ändern, die ich ändern kann,
Dinge hinzunehmen, die ich nicht ändern kann,
und die Fähigkeit, das eine vom anderen zu unterscheiden.*

Schenke mir heute
Gelassenheit und Humor

Mit Lachen wird er deinen Mund noch füllen,
deine Lippen mit Jubel.

Ijob 8,21 ———

„Als Gott mich schuf, fing er an zu grinsen und dachte: ‚Keine Ahnung, ob's gut geht, aber lustig wird's bestimmt!'" Beim ersten Lesen dieses Satzes, den mir heuer im Fasching ein Freund geschickt hat, musste ich zustimmend schmunzeln. Ich wünsche mir die Fähigkeit, über mich selbst lachen zu können. Ich vertraue, dass Gott in seiner Größe und Barmherzigkeit viel weiter und gelassener denkt, als ich mir überhaupt vorstellen kann. Gott hat Humor und freut sich über Ereignisse in seiner Schöpfung. Ich bin froh, wenn ich mit anderen lachen kann und finde es auch bei Krisengesprächen und Planungssitzungen erleichternd, wenn der Humor nicht zu kurz kommt. Mir sind Menschen sympathisch, die mit Humor und Gelassenheit die Welt verbessern wollen. Vor verbissenen Fanatiker habe ich hingegen Angst, dass sie andere in ihre Härte und in ihre Vorurteile hineinreißen. Humor nimmt den Druck, dass alles sofort nach meiner Vorstellung geschehen muss, und bietet kreative und überraschende Lösungsmöglichkeiten. Vielleicht hilft Humor sogar, mit Gott Geduld zu haben, um ihm nicht ständig Vorschriften zu machen, was er noch alles tun soll.

Gelassenheit und Humor hängen zunächst mit unserem Charakter zusammen. Manche Menschen haben ein frohes Gemüt mitbekommen, andere neigen zu Schwermut. Manchmal geben der Freundeskreis und die Mitarbeiter vor, ob alles todernst ablaufen muss und jede Panne sofort eine Krise und einen Skandal auslöst oder nicht.

Die Kirche kennt viele Heilige, die mit Humor und Gelassenheit die Welt verändert haben. Wenn wir uns allzu viele Sorgen machen, mögen uns die folgenden Gebete unterstützen, froher und gelassener zu leben.

Gebet des heiligen Thomas Morus (1478–1535)

Schenke mir eine gute Verdauung, Herr,
und auch etwas zum Verdauen.
Schenke mir Gesundheit des Leibes,
mit dem nötigen Sinn dafür, ihn möglichst
gut zu erhalten.
Schenke mir eine heilige Seele, Herr,
die das im Auge behält, was gut ist und rein,
damit sie im Anblick der Sünde nicht erschrecke,
sondern das Mittel finde, die Dinge wieder
in Ordnung zu bringen.
Schenke mir eine Seele, der die Langeweile
nicht fremd ist,
die kein Murren kennt und kein Seufzen und Klagen,
und lass nicht zu, dass ich mir allzuviel Sorgen mache
um dieses sich breit machende Etwas,
das sich „Ich" nennt.
Herr, schenke mir Sinn für Humor,
gib mir die Gnade, einen Scherz zu verstehen,
damit ich ein wenig Glück kenne im Leben
und anderen davon mitteile.

Gebet der heiligen Teresa von Ávila (1515–1582)

O Herr, bewahre mich vor der Einbildung,
bei jeder Gelegenheit und zu jedem Thema
etwas sagen zu müssen.

Erlöse mich von der großen Leidenschaft,
die Angelegenheiten anderer ordnen zu wollen.
Lehre mich, nachdenklich (aber nicht grüblerisch),
hilfreich (aber nicht diktatorisch) zu sein.
Bewahre mich vor der Aufzählung endloser
Einzelheiten und verleihe mir Schwingen,
zur Pointe zu gelangen.
Lehre mich schweigen über meine Krankheiten
und Beschwerden.
Sie nehmen zu, und die Lust, sie zu beschreiben,
wächst von Jahr zu Jahr.
Ich wage nicht, die Gabe zu erflehen,
mir die Krankheitsschilderungen anderer
mit Freude anzuhören, aber lehre mich,
sie geduldig zu ertragen.
Lehre mich die wunderbare Weisheit,
dass ich mich irren kann.
Erhalte mich so liebenswert wie möglich.
Lehre mich, an anderen Menschen unerwartete
Talente zu entdecken, und verleihe mir, o Herr,
die schöne Gabe, sie auch zu erwähnen.

Befreie mein Herz von Angst

HERR, sei mir gnädig, denn mir ist angst;
vor Gram sind mir Auge, Seele und Leib zerfallen.
Psalm 31,10 ———

„Vergiss deine Angst, sei ruhig, wirf dir eine Pille ein für die Nerven!" Haben Sie diesen Satz schon einmal gehört?

Wie geht es Ihnen mit der Wortmeldung: „Menschen hatten immer Angst. Was hätten wir denn im Krieg getan!"

Wann hat jemand zu Ihnen das letzte Mal gesagt: „Das ist halb so schlimm! Anderen geht es noch schlechter! Höre endlich auf! Da kann man nichts machen!"

Wir alle erleben an uns selber und bei Begegnungen, wie die Geisel der Angst Menschen belastet, manchmal sogar richtig niederdrückt. Wir haben verschiedenste bewusste und unbewusste Methoden entwickelt, um mit der eigenen und fremden Angst umzugehen. Der einfache Satz: „Du brauchst keine Angst zu haben, fürchte dich nicht" ist oft gut gemeint, hilft aber nicht immer und sofort.

Hilft Beten bei Angst?

Es ist wichtig, den Blick auf die vielen Formen von Angst zu richten und sie nicht sofort zu vermischen oder gegeneinander auszuspielen. Zu einem befreienden Umgang mit Angst benötigt es manchmal Hilfen auf menschlicher, medizinischer und religiös spiritueller Ebene. Wir wissen wohl alle aus dem eigenen Leben, wie gut es tut, wenn jemand in einer unsicheren oder gefährlichen Situation neben uns steht und uns durch sein Dasein spürbar macht: „Hab keine Angst!"

Die Psalmen sprechen alle Gefühle an und ermutigen, sie vor Gott zu legen:

*Du hast mir weiten Raum geschaffen in meiner Bedräng-
nis. Sei mir gnädig und hör auf mein Flehen.* (Psalm 4,2)
*Ängste haben mein Herz gesprengt, führ mich heraus aus
meiner Bedrängnis!* (Psalm 25,17)

Wie befreiend ist es, wenn jemand nach einer schweren
Zeit beten kann: *Ich suchte den HERRN und er gab mir Antwort, er hat mich all meinen Ängsten entrissen.* (Psalm 34,5)

Auch das Buch Ijob bietet ein ermutigendes Beispiel,
wie jemand seine Angst zu Gott bringen und bei ihm ablegen darf. Die Worte Ijobs können auch unserer Angst,
die oft stumm macht, eine Sprache geben. *Sagte ich: Mein
Lager soll mich trösten, mein Bett trage das Leid mit mir!, so
quältest du mich mit Träumen und mit Gesichten jagtest du
mich in Angst.* (Ijob 7,13–14)

Das Alte Testament beschreibt ausführlich, wie Abraham,
Sara, Josef, Mose, Saul, David oder Elija von Angst ergriffen und geplagt wurden. Auch das Neue Testament schildert mehrfach Situationen von Angst. Beim heftigen Sturm
auf dem See verlieren die Jünger die Nerven und machen
Jesus Vorwürfe: *Meister, kümmert es dich nicht, dass wir
zugrunde gehen?* Jesus stillt den Sturm und fragt: *Warum habt ihr solche Angst? Habt ihr noch keinen Glauben?*
(Markus 4,38.40) Es darf für uns zerbrechliche Menschen
als Trost gelten, dass sogar Jesus Angst erfahren hat. Im
Garten Getsemani ergreift ihn Furcht und Angst (Markus
14,32–42). Er betont, dass seine Seele zu Tode betrübt ist,
und bittet, dass der Kelch an ihm vorübergehe.

Auf die Erfahrungen all dieser Menschen zu schauen
zeigt mir, dass ich mit meiner Angst nicht allein bin und
dass es keine Schande ist, Angst zu haben. Ich muss mich
weder vor Gott noch vor den Menschen verstecken.

Es wird immer wieder betont, dass der Satz „Fürchte dich nicht" genau 365-mal in der Bibel steht, also einmal für jeden Tag des Jahres. Dies soll auch für mich als Trost und Zusage gelten. Das Gute im Leben ist stärker als Angst und Furcht vor verschiedensten Gefahren.

Gott, du bist da, wie die Luft, die ich atme,
ohne die ich nicht leben kann.
Gib, dass ich dir ganz vertraue.
Nimm meine Angst
vor Einsamkeit
vor Nähe
vor der Zukunft
vor Krankheit
vor Misserfolg
vor Herausforderungen
vor dem Leben
vor dem Tod.
Die Angst treibt mich in die Enge.
Du, Gott, schenkst Weite.

Übernimm meinen Zorn

Jeder Mensch sei schnell zum Hören, langsam zum Reden, langsam zum Zorn; denn der Zorn eines Mannes schafft keine Gerechtigkeit vor Gott. Darum legt alles Schmutzige und die viele Bosheit ab und nehmt in Sanftmut das Wort an, das in euch eingepflanzt worden ist und die Macht hat, euch zu retten! Wenn einer meint, er diene Gott, aber seine Zunge nicht im Zaum hält, sondern sein Herz betrügt, dessen Gottesdienst ist wertlos.

Jakobusbrief 1,19–21.26 ——

Wenn es doch so einfach wäre und mein Bemühen, schnell zum Hören und langsam zum Zorn bereit zu sein, wenigstens manchmal Erfolg hätte! Das Leben zeigt leider oft das Gegenteil: Obwohl ich mir so oft vorgenommen habe, mich von gewissen Leuten nicht provozieren zu lassen, reicht ein einziges Wort und ich explodiere schon wieder.

Es ist für mich kein Zufall, dass im Gebetsbuch (Brevier) der Priester beim Mittagsgebet (Sext) als Lesung die oben genannten Worte vom Jakobusbrief über Zorn und inneres Gift vorkommen. Sie helfen, Zorn und Scheinheiligkeit nicht zu tabuisieren und nicht so zu tun, als ob gläubige Menschen immer edle Gedanken hätten und sanft wie ein Lamm seien. Wer vor Gott eine Maske aufsetzt, der beschneidet sein Gebetsleben und macht es zu einer lieblichen Fassade, die bald jede Tiefe und auch die Kraft der Versöhnung verliert.

Auch ein Hymnus beim Mittagsgebet benennt ähnliche Erfahrungen:

Die Glut des Mittags treibt uns um,
die Stunden eilen wie im Flug;
du, Gott, vor dem die Zeiten stehn,
lass uns ein wenig bei dir ruhn.
Wir atmen fiebrig und gehetzt, der Streit flammt auf,
das rasche Wort;
in deiner Nähe, starker Gott, ist Kühlung,
Frieden und Geduld.

Ausgehend von den Psalmen ist es gute jüdische und christliche Tradition, betend bei Gott Dampf abzulassen, ihm all meine Gefühle anzuvertrauen, meinen Ärger loszuwerden und sogar laut vor Gott zu schimpfen. Diese Psychohygiene der Psalmen hilft, meinen Zorn und meinen Ärger nicht bei Menschen auszulassen, ob sie es „verdient" haben oder nicht. Gott ist der bessere Blitzableiter.

Übt nicht selbst Vergeltung, Geliebte, sondern lasst Raum für das Zorngericht Gottes; denn es steht geschrieben: Mein ist die Vergeltung, ich werde vergelten, spricht der Herr. (Römerbrief 12,19) Diese Bibelworte, die für viele Menschen befremdend klingen, erlebe ich als Entlastung. Ich darf vieles Gott überlassen, ich muss nicht Gott spielen und überall als Besserwisser auftreten. „Beten heißt, Gott den Sack vor die Füße werfen." (Martin Luther)

Impuls

Ich spreche heute ganz bewusst ein Gebet, das aus Versen verschiedener Psalmen zusammengesetzt ist und einen sogenannten Psalmenteppich ergibt:

HERR, leite mich in deiner Gerechtigkeit,
meinen Feinden zum Trotz [...]
Denn aus ihrem Mund kommt kein wahres Wort,
ihr Inneres ist voll Verderben.
Ihre Kehle ist ein offenes Grab, aalglatt ist ihre Zunge.
Gott, lass sie dafür büßen; sie sollen fallen
durch ihre eigenen Ränke. (Psalm 5,9–11) ·

Raff mich nicht weg mit den Übeltätern und Frevlern,
die Frieden! sagen zu ihrem Nächsten,
doch Böses hegen in ihrem Herzen.
Vergilt ihnen, wie es ihrem Treiben entspricht
und ihren bösen Taten! (Psalm 28,3–4)

Sag zu mir: Ich bin deine Hilfe!
In Schmach und Schande sollen fallen,
die mir nach dem Leben trachten.
Zurückweichen sollen und vor Scham erröten,
die auf mein Unglück sinnen.
Sie sollen werden wie Spreu vor dem Wind;
der Engel des HERRN stoße sie fort. (Psalm 35,3–5)

Höre, Gott, mein lautes Klagen,
schütze mein Leben vor dem Schrecken des Feindes!
Verbirg mich vor der Schar der Bösen,
vor dem Toben derer, die Unrecht tun!
Sie schärfen ihre Zunge wie ein Schwert,
schießen giftige Worte wie Pfeile,
um einen Untadeligen von ihrem Versteck aus zu treffen.
Sie schießen auf ihn,
plötzlich und ohne Scheu. (Psalm 64,2–5)

Du, ja du kennst meine Verhöhnung,
all meine Widersacher sind dir vor Augen.
Die Verhöhnung bricht mir das Herz,
ich bin krank vor Schmach und Schande.
Ich hoffte auf Mitleid, doch vergebens, auf Tröster,
doch fand ich keinen.
Sie gaben mir Gift als Speise, für den Durst gaben
sie mir Essig zu trinken. (Psalm 69,20–22)

Mach mich zu einem Werkzeug deines Friedens

Erbittet Frieden für Jerusalem! Geborgen seien, die dich lieben. Friede sei in deinen Mauern, Geborgenheit in deinen Häusern! Wegen meiner Brüder und meiner Freunde will ich sagen: In dir sei Friede.
Psalm 122,6–8 ——

Wie oft habe ich in den letzten Jahrzehnten um Frieden gebetet und bei Gottesdiensten voller Überzeugung ausgesprochen, Gott möge mithelfen, die Kriege zu beenden! Gerade Kinder bringen im Angesicht von schlimmen Kriegsmeldungen sofort diese Bitte vor. Viele treue Beterinnen und Beter wiederholen sie refrainartig. Und was geschieht? Hört Gott diese Bitten? Warum ändert sich so wenig? Wurde dadurch noch größeres Leid verhindert? Die Kriege sind für mich eine Anfrage an das Wunder Mensch und das Wirken Gottes. Was ist los mit uns Menschen? Warum mischt sich Gott nicht mehr ein, warum schaut er so lange zu? Und welchen Sinn soll dabei unser Beten haben? Je nach Stimmungslage spüre ich in mir beides: „Da hilft nur noch beten!" und „Da hilft nicht einmal beten!"

Im Blick auf die Stadt Jerusalem prallen seit drei Jahrtausenden die Ursehnsucht nach Frieden und die schlimmsten Gräueltaten der Menschheit aufeinander. Kaum eine Stadt wurde so oft umkämpft und erobert. In wenigen Städten floss so viel Blut wie hier. So oft wurde in Jerusalem von Mitgliedern dreier Weltreligionen um Frieden gebetet, zahlreiche Friedensmodelle gehen von hier aus. In dieser Stadt wurde Religion so oft falsch verstanden und sogar Gott missbraucht, um gegen die jeweils anderen zu schimpfen und zu kämpfen. Hier musste Jesus sterben, hier hat er mit seiner Auferstehung die Fesseln des Streites und des Todes gesprengt. Und heute?

Gott ist der größte Friedensstifter

Ich halte die Sehnsucht nach Frieden gerne im Blick auf Jerusalem wach und bete dabei um Frieden für die ganze Welt. Die Bibel lehrt uns, dass Friede niemals auf Kosten anderer entstehen kann:

Viele Völker gehen und sagen: Auf, wir ziehen hinauf zum Berg des HERRN und zum Haus des Gottes Jakobs. Er unterweise uns in seinen Wegen, auf seinen Pfaden wollen wir gehen. Denn vom Zion zieht Weisung aus und das Wort des HERRN von Jerusalem. Er wird Recht schaffen zwischen den Nationen und viele Völker zurechtweisen. Dann werden sie ihre Schwerter zu Pflugscharen umschmieden und ihre Lanzen zu Winzermessern. Sie erheben nicht das Schwert, Nation gegen Nation, und sie erlernen nicht mehr den Krieg. (Jesaja 2,3–4)

- In dieser großen Friedensverheißung für Jerusalem betont der Prophet Jesaja, dass Frieden auf mehreren Beinen ruhen muss:
- Der ehrliche Blick auf gute Fundamente im eigenen Leben gibt Halt.
- Friede hat sehr viel mit innerer Sicherheit zu tun, deshalb soll jeder Mensch Geborgenheit erleben und weiterschenken.
- Es rächt sich, Vorteile auf Kosten anderer anzustreben.
- Die Kunst, aus Schwertern Pflugscharen zu formen, lädt zum konstruktiven Überwinden von Gewalt und Neid ein.

- Wir sind eingeladen, die Welt als Stadt des HERRN zu sehen, auf Gott zu vertrauen und deshalb das Vertrauen in die Menschen nicht zu verlieren.

Am Ende des langen Jesaja-Buches hören wir nochmals eine Verheißung für das Friedensprojekt Jerusalem: *Denn so spricht der HERR: Siehe, wie einen Strom leite ich den Frieden zu dir und die Herrlichkeit der Nationen wie einen rauschenden Bach, auf dass ihr trinken könnt; auf der Hüfte werdet ihr getragen, auf Knien geschaukelt. Wie ein Mann, den seine Mutter tröstet, so tröste ich euch; in Jerusalem findet ihr Trost.* (Jesaja 66,12–13)

Mit dieser Verheißung dürfen wir beten
und uns gleichzeitig mit konkreten Taten einsetzen,
dass das Wasser des Friedens nicht vertrocknet,
dass sich Menschen nicht gegenseitig das Leben
schwermachen,
dass die Pflanze der Hoffnung genügend
Nahrung bekommt und wächst,
dass Verletzungen nicht die Wurzeln
zu einem neuen Leben verhindern,
dass ein gutes Miteinander der Menschheit gelingt.

Ich bin ein Werkzeug des Friedens

Was ist wichtiger: Für den Frieden zu beten oder sich aktiv für Frieden einzusetzen? Friede beginnt bei mir selbst. Wenn ich mit mir selbst im Frieden lebe, schaffe ich es leichter, anderen gegenüber frei und friedlich zu handeln und mit einem versöhnten Herzen für Gerechtigkeit zu kämpfen. Auch das Gebet um Frieden beginnt ganz tief in mir und kann dann viele Kreise ziehen.

*Herr, unsere Erde ist nur ein kleines Gestirn im
großen Weltall. An uns liegt es, daraus einen Planeten
zu machen, dessen Geschöpfe nicht von Kriegen
gepeinigt werden, nicht von Hunger und Furcht gequält,
nicht zerrissen in sinnlose Trennung nach Rasse,
Hautfarbe oder Weltanschauung. Gib uns Mut
und Voraussicht, schon heute mit diesem Werk
zu beginnen, damit unsere Kinder und Kindeskinder
einst stolz den Namen Mensch tragen.*
Gebet der Vereinten Nationen ———

Gegrüßt seist du, Maria

Der Engel trat bei ihr ein und sagte: Sei gegrüßt,
du Begnadete, der Herr ist mit dir. Sie erschrak über die
Anrede und überlegte, was dieser Gruß zu bedeuten habe.
Da sagte der Engel zu ihr: Fürchte dich nicht, Maria;
denn du hast bei Gott Gnade gefunden.
Lukas 1,28–30 ——

Eine Wallfahrtsgruppe singt in einer Marienkirche viele Marienlieder:

- Wir ziehen zur Mutter der Gnaden
- Maria, breit den Mantel aus
- Segne du Maria, segne mich dein Kind
- Christi Mutter stand mit Schmerzen bei dem Kreuz und weint' von Herzen
- Der Engel des Herrn aus Gottes Macht hat Maria die Botschaft bracht
- Glorwürd'ge Königin, himmlische Frau

Gefühle und Emotionen werden frei, man spürt Vertrauen und Herzlichkeit. Viele verbinden mit ihrem Singen einen Dank und eine ganz konkrete Bitte. Das Vorbild Mariens leuchtet auf, die innige Verbundenheit mit Maria gibt Trost und Halt. Maria, ich möchte glauben können wie du, ich möchte hoffen können wie du, ich möchte lieben können wie du. Du kennst als Mutter die Freuden und Sorgen von uns Menschen.

Vorbild und Fürsprecherin

Das „Gegrüßt seist du, Maria" greift die beiden biblischen Begegnungen zwischen dem Engel Gabriel und der Gottesmutter Maria (Lukas 1,26–38) und zwischen Elisabet und Maria (Lukas 1,39–56) auf. Beide Treffen gehören zu den Teilen der Bibel, die eine gelungene Kommunikation schildern.

Der Engel Gabriel bringt dem jungen Mädchen Maria jene überraschende Botschaft, die ihr ganzes Leben verändert: *Sei gegrüßt, du Begnadete, der Herr ist mit dir!* Maria erschrickt, der aufmerksame Engel merkt ihre Unsicherheit: *Fürchte dich nicht, Maria; denn du hast bei Gott Gnade gefunden.* Nach der verständlichen Frage, wie all das geschehen soll, spricht Maria das mutige Ja: *Siehe, ich bin die Magd des Herrn; mir geschehe, wie du es gesagt hast.* Maria kann die Folgen dieser Zusage noch nicht abschätzen und hat keine Ahnung, was auf sie zukommen wird. Aber sie sagt Ja. Dazu gehört das Vertrauen, dass Gott wirklich mit ihr ist, ihr Gnade schenkt, ihr den Weg zeigt und sogar dann weiß, dass es der richtige Weg ist, wenn Maria es nicht mehr oder noch nicht weiß. Das Ja Mariens will uns alle ermutigen, Ja zu sagen zu den Herausforderungen und Zumutungen unseres eigenen Lebens und zu Veränderungen, die zunächst Angst machen. Das Ja Mariens motiviert, den eigenen Weg auch dann zu gehen, wenn er in den Augen anderer anstößig, skandalös oder unsinnig erscheint.

Gesegnet bist du unter den Frauen und gesegnet ist die Frucht deines Leibes. Diese Worte, die im Laufe der Jahrhunderte millionenfach wiederholt wurden, stammen von Elisabet. Es geht in diesem Lobpreis nicht so sehr um die Glanzleistungen Mariens, sondern um das Staunen über den Segen und die Gnade Gottes.

Wir alle sind Maria

Die meisten Menschen verstehen das „Gegrüßt seist du, Maria" als Gruß an Maria, verbunden mit der Bitte, dass

sie als Vorbild und Fürsprecherin bei Gott für uns eintritt.
Gerade der zweite Teil des Gebetes drückt dieses Anliegen
aus: „Heilige Maria, Mutter Gottes, bitte für uns Sünder,
jetzt und in der Stunde unseres Todes. Amen."
Ein Blick auf die Entstehung dieses weltweiten Gebetes zeigt, dass ursprünglich nicht nur die Verehrung Mariens im Zentrum stand, sondern ebenso auch die Bitte,
dass Gott an uns handelt und auch in uns und durch uns
Mensch wird:

In der Jakobsliturgie (5. Jahrhundert) wurde vor dem Evan-
gelium folgender Kehrvers gebetet.
   A: Gegrüßt seist du, Maria, voll der Gnade.
   B: Der Herr ist mit dir.
   A: Du bist gesegnet unter den Frauen.
   B: Und gesegnet ist die Frucht deines Leibes.
   A: Bitte und tritt ein für uns bei deinem geliebten Sohn.
   B: Damit er uns unsere Sünden vergebe.

Dieses Gebet der Jakobsliturgie gilt als eine Vorstufe des
„Gegrüßt seist du, Maria". Es drückt die Bitte aus, Gottes
Wort möge durch die Verkündigung des Evangeliums hier
und jetzt erneut Fleisch werden. Die Gottesdienstgemein-
schaft sieht sich hier in der Rolle Marias.
   Jahrhunderte später verwendete die Westkirche diesen
Kehrvers nicht vor dem Evangelium, sondern als Gaben-
gebet bei Marienfesten. Wie Gott zu Maria gekommen ist,
so möge jetzt Gott in den Gestalten von Brot und Wein zu
uns kommen.
   Somit enthält das „Gegrüßt seist du, Maria" neben
dem Lobpreis für das Handeln Gottes an Maria auch den
Wunsch, dass Gott täglich neu in und durch uns in die
Welt kommt. Das Magnifikat kann uns darin bestärken.

Maria beginnt in diesem Gebet mit dem Wirken Gottes an
ihr, öffnet dann aber sofort den Blick in die ganze Mensch-
heitsgeschichte hinein. Kein Wunder, dass das Magnifikat
zum täglichen Abendgebet der Kirche geworden ist.

Meine Seele preist die Größe des Herrn
und mein Geist jubelt über Gott, meinen Retter.
Denn auf die Niedrigkeit seiner Magd hat er geschaut.
Siehe, von nun an preisen mich selig alle Geschlechter.
Denn der Mächtige hat Großes an mir getan
und sein Name ist heilig.
Er erbarmt sich von Geschlecht zu Geschlecht
über alle, die ihn fürchten.
Er vollbringt mit seinem Arm machtvolle Taten:
Er zerstreut, die im Herzen voll Hochmut sind;
er stürzt die Mächtigen vom Thron
und erhöht die Niedrigen.
Die Hungernden beschenkt er mit seinen Gaben
und lässt die Reichen leer ausgehen.
Er nimmt sich seines Knechtes Israel an
und denkt an sein Erbarmen,
das er unsern Vätern verheißen hat,
Abraham und seinen Nachkommen auf ewig.
Lukas 1,46–55 ⎯⎯⎯

Herr, gib ihnen die ewige Ruhe

Und ich hörte eine Stimme vom Himmel her rufen:
Schreibe: Selig die Toten, die im Herrn sterben, von jetzt an;
ja, spricht der Geist, sie sollen ausruhen von ihren Mühen;
denn ihre Taten folgen ihnen nach.

Offenbarung 14,13 ———

Beim Trauergespräch erzählen mir die Angehörigen meist ausführlich, was dem Verstorbenen wichtig war und wie die Wochen und Tage vor dem Tod verlaufen sind. Wenn jemand über Monate oder Wochen große Schmerzen hatte, sagen viele Angehörige: „Es ist trostvoll, dass mein Vater jetzt keine Schmerzen mehr hat." „Es war so bedrückend zu sehen, wie meine Frau leiden musste und wir wenig dagegen tun konnten." „Ich wünsche mir, dass jetzt die Schmerzen vorbei sind und mein geliebter Sohn kein Leid mehr spürt." „Ich wünsche meinem Opa die ewige Ruhe."

Meistens bete ich mit den Angehörigen am Beginn oder Ende des Trauergesprächs das Sterbegebet: „Herr, gib ihnen die ewige Ruhe! Das ewige Licht leuchte ihnen! Herr, lass sie ruhen in Frieden! Amen!"

Der Wunsch nach Ruhe und dem Ende aller Schmerzen ist verständlich und ein großer Gewinn nach der Zeit der schweren Krankheit. Der christliche Glaube verheißt nach dem Tod noch Größeres, nämlich das Wiedersehen mit den Verstorbenen und die innige und freudige Beziehung mit Gott. Unser Glaube ist Auferstehen, unsere Hoffnung ist Wiedersehen, unsere Liebe ist Gebet.

Gott lädt zum Festmahl

Der Prophet Jesaja vergleicht die Vollendung in Gott mit einem großen Festmahl. Gott selbst lädt Menschen aus allen Völkern dazu ein: *Der* HERR *der Heerscharen wird auf diesem Berg für alle Völker ein Festmahl geben mit den feinsten Speisen, ein Gelage mit erlesenen Weinen.* (Jesaja 25,6) Bei diesem Festmahl gibt es kein Gegeneinander, keinen Neid und keine Angst mehr, dass jemand zu kurz kommt.

Mit Christus begraben und auferstehen

Der Tod lässt sich mit einer dicken Betonmauer vergleichen. Mit der Auferstehung Jesu hat diese Mauer ein Loch, das sich nie mehr schließen lässt.

Wisst ihr denn nicht, dass wir, die wir auf Christus Jesus getauft wurden, auf seinen Tod getauft worden sind? Wir wurden ja mit ihm begraben durch die Taufe auf den Tod, damit auch wir, so wie Christus durch die Herrlichkeit des Vaters von den Toten auferweckt wurde, in der Wirklichkeit des neuen Lebens wandeln. Sind wir nun mit Christus gestorben, so glauben wir, dass wir auch mit ihm leben werden. (Römerbrief 6,3–4.8)

Diese frohe Botschaft aus dem Römerbrief wird jedes Jahr in der Osternacht verkündet. Weil Jesus die Finsternis des Leides und Todes durchschritten hat, wird dies auch uns geschenkt. Weil Jesus von den Toten auferweckt wurde, werden auch wir auferweckt. Der Auferstandene nimmt uns bei der Hand und führt uns in das himmlische Reich.

Gott wohnt mitten unter den Menschen

Jesus hat den Jüngern beim letzten Abendmahl verheißen, dass er himmlische Wohnungen vorbereitet. Diese Wohnungen bieten nicht nur eine ewige Heimat, sondern den engsten Kontakt mit Gott. Dies wird am Ende der Bibel in einer großen Abschlussvision geschildert: *Seht, die Wohnung Gottes unter den Menschen! Er wird in ihrer Mitte wohnen und sie werden sein Volk sein; und er, Gott, wird bei*

ihnen sein. Er wird alle Tränen von ihren Augen abwischen:
Der Tod wird nicht mehr sein. (Offenbarung 21,3–4)

Die Bibel zeigt auf, dass sich alles am Ende der Zeit zum Guten wendet. Alles geht gut aus. Der neue Himmel und die neue Erde kommen vom Himmel herab. Das Gegenteil wäre der Turmbau zu Babel, der am Beginn der Menschheit Verwirrung und Zwietracht stiftete. Mit dem Tod geschieht die größte Wandlung und Verwandlung. Manches, das in diesem Leben nur bruchstückhaft gelungen ist, kommt jetzt zur Vollendung. Beruhigend und entlastend, dass uns diese Wandlung geschenkt wird und wir sie nicht durch alle möglichen Höchstleistungen herbeiführen müssen. Gott wandelt und verwandelt heute, morgen und in Ewigkeit.

Gott des Lebens,
Jesus hat mit seinem Tod und seiner Auferstehung
für immer die Tür zum Himmel geöffnet.
Er nimmt uns bei der Hand.
In der Vollendung bei dir gelingt die große Verwandlung.
Schenke unseren Verstorbenen die ewige Ruhe.
Das ewige Licht möge immer für sie leuchten.
Lass sie dich schauen von Angesicht zu Angesicht.
Sättige beim himmlischen Mahl allen Hunger nach Leben.
Lass unsere Verstorbenen und auch mich einmal
jene unendliche Liebe und jenen göttlichen
Frieden erleben,
den diese Welt nicht geben kann.
Amen.

Verwendete Literatur

Die Bibelzitate sind entnommen aus:
Einheitsübersetzung der Heiligen Schrift, vollständig
durchgesehene und überarbeitete Ausgabe © 2016
Katholische Bibelanstalt GmbH, Stuttgart
Alle Rechte vorbehalten

Wilhelm Bruners, Verabschiede die Nacht, Düsseldorf 1999,
S. 27
Niklaus Kuster, Franz von Assisi. Freiheit und Geschwister-
lichkeit in der Kirche, Würzburg 2015
Maike Lauther-Pohl, Texte aus „Jahresklänge. Der spirituel-
le Wochenkalender", Kiel
Anthony de Mello, Meditieren mit Leib und Seele. Neue
Wege der Gotteserfahrung, Kevelaer 2019, S. 47–48
Sylke Maria Pohl, Text mit freundlicher Genehmigung
von Wolfgang Pohl
Anton R. Rotzetter, Herr, eile mir zu helfen. Vertraute Gebe-
te neu gedeutet, Freiburg–Basel–Wien 1990, S. 104–115
www.zenit.org/de/articles/die-kraft-des-gebetes-im-gesprach-
mit-gott

Wir danken den Autorinnen und Autoren sowie den Ver-
lagen für die freundliche Abdruckgenehmigung. Leider
war es nicht in allen Fällen möglich, die Rechteinhaber zu
ermitteln. Wir bitten um Hinweise an den Verlag. Allfällige
Ansprüche werden gerne nachträglich abgegolten.